प्रयोजनमूलक हिन्दी

PRAYOJANAMULAK HINDI

डॉ. एस. ए. मंजुनाथ

ISBN 979-888555364-3

क्रम-सूची

प्रस्तावना

सुन्दर अर्थवाले शब्दों से युक्त रचना, जो मन को आह्लादित करे तथा समाज के लिए भी हितकारी हो, उसे साहित्य माना जाता है । साहित्य की अभिव्यक्ति भाषा के माध्यम से होती है । आदमी जिसके द्वारा बोलकर, सुनकर, लिखकर व पढ़कर अपने मन के भावों या विचारों का आदान-प्रदान जिस साधन से करता है उसे भाषा कहते हैं । भाषा के ध्वनि-संकेत किसी समाज या वर्ग के आंतरिक और बाह्य कार्यों के संचालन या विचार-विनिमय में सहायक होते हैं। भाषा शब्द संस्कृत के भाष् धातु से बना है, जिसका अर्थ है- बोलना।कक्षा में अध्यापक अपनी बात बोलकर समझाते हैं और छात्र सुनकरउनकी बात समझते हैं। भाषा परिवर्तनशील है। किसी भाषा में नित नए शब्दों, वाक्यों का आगमन होता रहता है और पुराने शब्द टूटते-मिटते रहते हैं। किसी शब्द या वाक्य को पकड़े रहना कि यह ऐसा ही प्रयोग होता आया है और आगे भी ऐसा ही रहेगा या यही रहेगा- कहना भूल है।

व्याकरण वह विद्या है जिसके द्वारा हम किसी भाषा का शुद्ध बोलना, लिखना एवं समझना जान सकते हैं । व्याकरण स्वयं भाषा के नियम नहीं बनाता। एक भाषा-भाषी समाज के लोग भाषा के जिस रूप का प्रयोग करते हैं, उसी को आधार मानकर वैयाकरण व्याकरणिक नियमों को निर्धारित करता है।

प्रयोजनमूलक में 'प्रयोजन' शब्द के साथ 'मूलक' परसर्ग लगने से प्रयोजनमूलक पद बना है। प्रयोजन से तात्पर्य है 'उद्देश्य' अथवा 'प्रयुक्ति'। 'मूलक' से तात्पर्य है आधारित। अतः किसी विशिष्ट उद्देश्य के अनुसार प्रयुक्त भाषा को प्रयोजनमूलक भाषा कहते हैं । इस प्रकार प्रयोजनमूलक हिन्दी से तात्पर्य हिन्दी का वह प्रयुक्तिपरक विशिष्ट रूप या शैली है जो विषयगत तथा संदर्भगत प्रयोजन के लिए विशिष्ट भाषिक संरचना द्वारा प्रयुक्त की जाती है।

भाषा के इस रूप को संपर्क भाषा कहा जाता है। संपर्क भाषा बहता हुआ पानी के समान है। प्रौढा की अवस्था में भाषा के वैचारिक संदर्भ परिपुष्ट होते हैं और भावात्मक अभिव्यक्ति कलात्मक हो जाती है। भाषा के इन रूपों को दो नामों से जाना जाता है। प्रयोजनमूलक और आनन्दमूलक। आनन्द विधायक भाषा साहित्यिक भाषा है। साहित्येतर मानक भाषा को ही प्रयोजनमूलक भाषा कहते हैं, जो विशेष भाषा समुदाय के समस्त जीवन-संदर्भों को निश्चित शब्दों और वाक्य संरचना के द्वारा अभिव्यक्त करने में सक्षम हो। भाषिक उपादेयता एवं विशिष्टता का प्रतिपादन प्रयोजनमूलक भाषा से होता है।

जीवन के कई प्रतिष्ठित क्षेत्रों में भी अंग्रेजी के स्थान पर हिन्दी का प्रयोग किया जाता है और किया जा रहा है। विज्ञान और तकनीकी शिक्षा, कानून और न्यायालय, उच्चस्तरीय वाणिज्य और व्यापार आदि सभी क्षेत्रों में हिन्दी का व्यापक प्रयोग होता है। व्यापारियों और व्यावसायियों के लिए भी हिन्दी का प्रयोग सुविधाजनक बना हुआ है। भारतीय व्यापारी आज हिन्दी की उपेक्षा नहीं कर सकते, उनके कर्मचारी, ग्राहक सभी हिन्दी बोलते हैं। व्यवहार के अलग-अलग क्षेत्रों में अलग-अलग प्रयोजनों से हिन्दी का प्रयोग किया जाता है। बैंक में हिन्दी के प्रयोग का प्रयोजन अलग है तो सरकारी कार्यालयो में हिन्दी के प्रयोग का प्रयोजन अलग-अलग होता है अतः हिन्दी के इस स्वरूप को प्रयोजनमूलक हिन्दी कहा जाता है ।

प्रयोजनमूलक रूप की वजह से हिन्दी भाषा जीवित है। आज तक साहित्यिक हिन्दी का ही अध्ययन किया जाता था, लेकिन साहित्यिक भाषा किसी भी भाषा को स्थित्यात्मक बनाती है और प्रयोजनमूलक भाषा उसको गत्यात्मक बनाती है। वर्तमान जीवन में गत्यात्मक भाषा ही जीवित और प्रचलित रह सकती है। आज साहित्य तो संस्कृत में भी है, लेकिन उसका गत्यात्मक रूप-प्रयोजनमूलक रूप समाप्त हो गया है । हिन्दी का प्रयोजनमूलक रूप अधिक शक्तिशाली तथा गत्यात्मक है। हिन्दी का प्रयोजनमूलक रूप हिन्दी के विकास में सहयोग दे रहा है, साथ ही साथ उसको जीवित रखने एवं लोकप्रिय बनाने में भी महत्वपूर्ण योगदान दे रहा है । इन सभी दृष्टियों से विभिन्न प्रयोजनों के लिए गठित समाज खंडों द्वारा किसी भाषा के ये विभिन्न रूप या परिवर्तन ही उस भाषा के प्रयोजनमूलक रूप हैं।

इस पुस्तक में प्रयोजनमूलक हिंदी को हिन्दी की प्रकृति, प्रवृति और प्रयोग के अनुरूप, छोटी-छोटी इकाइयों में विभाजित कर सुगम-सुबोध शैली में प्रस्तुत किया गया है । प्रयोजनमूलक हिन्दी विषय के अलावा पत्र-व्यवहार, अनुवाद, मीडिया लेखन, पुस्तक समीक्षा आदि बहुउपयोगी विषय यहाँ संगृहीत हैं ।

आज का युग विज्ञान और तकनीक का युग है और हम अपनी उंगलियों के नोक पर सारी जानकारी प्राप्त कर सकते हैं। इस पुस्तक के निर्माण में मैंने हिंदी की कई वेबसाइट, ब्लॉग, प्रयोजनमूलक हिन्दी और हिन्दी व्याकर से संबंधित ग्रंथों से अमूल्य जानकारी प्राप्त की हैं, अतः मैं इन सबके प्रति अपनी कृतज्ञता प्रकट करता हूँ। इस काम को पूरा करने में मित्रवर्य डॉ.जयशंकर तिवारीजी का बहुत सहयोग प्राप्त हुआ है और इनका मैं आभारी हूँ।मैं आशा करता हूँ कि यह पुस्तक निश्चय ही हिन्दी-प्रेमियों, छात्रों और परीक्षार्थियों के लिए उपयोगी सिद्ध

होगी । सुधी पाठकों से निवेदन है, कि इसमें यत्किंचित त्रुटियाँ भी होंगी, इसके दोषों को अधिक महत्त्व दिए बिना मेरे इस प्रयत्न को सकारात्मक रूप से ग्रहण करने का कष्ट करें।

सादर

दिनांक: 20-1-2022

डॉ.एस.ए.मंजुनाथ

1

प्रयोजनमूलक हिन्दी
(Functional Hindi)

परिभाषा:

प्रयोजनमूलक में 'प्रयोजन' शब्द के साथ 'मूलक' परसर्ग लगने से प्रयोजनमूलक पद बना है। प्रयोजन से तात्पर्य है 'उद्देश्य' अथवा 'प्रयुक्ति'। 'मूलक' से तात्पर्य है आधारित। अतः किसी विशिष्ट उद्देश्य के अनुसार प्रयुक्त भाषा को प्रयोजनमूलक भाषा कहते हैं। इस प्रकार प्रयोजनमूलक हिन्दी से तात्पर्य हिन्दी का वह प्रयुक्तिपरक विशिष्ट रूप या शैली है जो विषयगत तथा संदर्भगत प्रयोजन के लिए विशिष्ट भाषिक संरचना द्वारा प्रयुक्त की जाती है।

भाषा के इस रूप को संपर्क भाषा कहा जाता है। संपर्क भाषा बहता हुआ पानी के समान है। प्रौढा की अवस्था में भाषा के वैचारिक संदर्भ परिपुष्ट होते हैं और भावात्मक अभिव्यक्ति कलात्मक हो जाती है। भाषा के इन रूपों को दो नामों से जाना जाता है। प्रयोजनमूलक और आनन्दमूलक। आनन्द विधायक भाषा साहित्यिक भाषा है। साहित्येतर मानक भाषा को ही प्रयोजनमूलक भाषा कहते हैं, जो विशेष भाषा समुदाय के समस्त जीवन-संदर्भों को निश्चित शब्दों और वाक्य संरचना के द्वारा अभिव्यक्त करने में सक्षम हो। भाषिक उपादेयता एवं विशिष्टिता का प्रतिपादन प्रयोजनमूलक भाषा से होता है।

अतः जो लोग हिन्दी को अविकसित भाषा कहते थे, कभी खिचड़ी तो कभी क्लिष्ट भाषा कहते थे या अंग्रेजी की तुलना में हिन्दी को नीचा दिखाने की मूर्खता करते थे उनको भी लगने लगा है कि हिन्दी वास्तव में संसार की एक महान भाषा है। सभी दृष्टि से परिपूर्ण एक सम्पन्न भाषा हिन्दी है। राजभाषा के अतिरिक्त

अन्य नये-नये व्यवहार क्षेत्रों में हिन्दी का प्रचार तथा प्रसार होता है, जैसे रेलवे प्लेटफार्म, मंदिर, धार्मिक संस्थानों आदि में।

जीवन के कई प्रतिष्ठित क्षेत्रों में भी अंग्रेजी के स्थान पर हिन्दी का प्रयोग किया जाता है और किया जा रहा है। विज्ञान और तकनीकी शिक्षा, कानून और न्यायालय, उच्चस्तरीय वाणिज्य और व्यापार आदि सभी क्षेत्रों में हिन्दी का व्यापक प्रयोग होता है। व्यापारियों और व्यावसायियो के लिए भी हिन्दी का प्रयोग सुविधाजनक बना हुआ है। भारतीय व्यापारी आज हिन्दी की उपेक्षा नहीं कर सकते, उनके कर्मचारी, ग्राहक सभी हिन्दी बोलते हैं। व्यवहार के अलग-अलग क्षेत्रों में अलग-अलग प्रयोजनों से हिन्दी का प्रयोग किया जाता है। बैंक में हिन्दी के प्रयोग का प्रयोजन अलग है तो सरकारी कार्यालयो में हिन्दी के प्रयोग का प्रयोजन अलग-अलग होता है अतः हिन्दी के इस स्वरूप को प्रयोजनमूलक हिन्दी कहा जाता है।

प्रयोजनमूलक रूप की वजह से हिन्दी भाषा जीवित है। आज तक साहित्यिक हिन्दी का ही अध्ययन किया जाता था, लेकिन साहित्यिक भाषा किसी भी भाषा को स्थित्यात्मक बनाती है और प्रयोजनमूलक भाषा उसको गत्यात्मक बनाती है। वर्तमान जीवन में गत्यात्मक भाषा ही जीवित और प्रचलित रह सकती है। आज साहित्य तो संस्कृत में भी है, लेकिन उसका गत्यात्मक रूप-प्रयोजनमूलक रूप समाप्त हो गया है। हिन्दी का प्रयोजनमूलक रूप अधिक शक्तिशाली तथा गत्यात्मक है। हिन्दी का प्रयोजनमूलक रूप हिन्दी के विकास में सहयोग दे रहा है, साथ ही साथ उसको जीवित रखने एवं लोकप्रिय बनाने में भी महत्वपूर्ण योगदान दे रहा है।

इन सभी दृष्टियों से विभिन्न प्रयोजनों के लिए गठित समाज खंडों द्वारा किसी भाषा के ये विभिन्न रूप या परिवर्तन ही उस भाषा के प्रयोजनमूलक रूप हैं। अंग्रेजी शासन में यूरोपीय संपर्क से हमारा सामाजिक, आर्थिक और प्रशासनिक ढांचा काफी बदला, धीरे-धीरे हमारे जीवन में नई उद्भावनाएँ (जैसे पत्रकारिता, इंजीनियरिंग, बैंकीय) पनपी और तदनुकूल हिन्दी के नए प्रयोजनमूलक भाषिक रूप भी उभरे। स्वतंत्रता के बाद तो हिन्दी भाषा का प्रयोग क्षेत्र बहुत बढ़ा है और तदनुरूप उसके प्रयोजनमूलक रूप भी बढे हैं और बढ़ते जा रहे हैं। साहित्यिक विधाओं, संगीत, कपड़ा-बाजार, सट्टाबाजारों, चिकित्सा, व्यवसाय, खेतों, खलिहानों, विभिन्न शिल्पों और कलाओं, कला व खेलों के अखाड़ों, कोर्ट कचहरियों आदि में प्रयुक्त हिन्दी पूर्णतः एक नहीं है। रूप-रचना, वाक्य रचना, मुहावरों आदि में कभी थोड़ा कभी अधिक अंतर स्पष्ट रूप से दिखाई देता है और

ये सभी हिन्दी के प्रयोजनमूलक परिवर्त या उपरूप हैं।

प्रयोजनमूलकभाषा:

अपने दैनिक कार्य व्यवहार में जिस भाषा का उपयोग करते हैं, वह सामान्य व्यवहार की भाषा होती है परंतु विभिन्न औपचारिक कार्यों के लिए जैसे कार्यालय, बैंकिंग, तकनीकी आदि क्षेत्रों में परस्पर पत्र-व्यवहार के लिए जिस भाषा का प्रयोग करते हैं, उसे प्रयोजनमूलक भाषा कहते हैं । इस तरह किसी विशिष्ट प्रयोजन के लिए प्रयोग की जाने वाली भाषा को प्रयोजनमूलक भाषा कहा जाता है ।

सामान्य रूप से भाषा के दो रूप होते हैं – मौखिक तथा लिखित। मौखिक भाषा आम बोलचाल की भाषा होती है । इस भाषा में किसी प्रकार के व्याकरणिक नियमों के पालन करने का कोई बंधन नहीं होता है । इसके विपरीत लिखित भाषा व्याकरण के नियमों के अनुसार लिखी जाती है। लिखित भाषा के तीन रूप होते हैं – सामान्य, साहित्यिक तथा विशिष्ट प्रयोजन हेतु । हिंदी भाषा की भी यही स्थिति है । इसके भी मौखिक तथा लिखित दो रूप हैं । हिंदी की लिखित भाषा के भी तीन रूप – सामान्य, साहित्यिक तथा विशिष्ट प्रयोजन की भाषा हैं । मध्यकाल में जहाँ धार्मिक व सामाजिक जागरण के लिए सामान्य हिंदी का प्रयुक्त हुआ, वहीं स्वतंत्रता आंदोलन के दौर में लोगों में राष्ट्रीय एकता की भावना जागृत करने के लिए बोलचाल की हिंदी भाषा का प्रयोग किया गया । विशिष्ट क्षेत्रों में हिंदी का प्रयोग उस समय तक प्रचलन में नहीं आया था ।

भारतीय संविधान सभा ने 14 सितंबर 1949 को हिंदी को भारतीय संघ की राजभाषा के रूप में स्वीकार किया संविधान के अनुच्छेत 343 (क) के अनुसार संघ की राजभाषा हिंदी और इस की लिपि देवनागरी स्वीकार की गई। हिंदी को राजभाषा का पद मिलने से सरकारी कामकाज में हिंदी का महत्व स्वीकार किया गया तथा सरकारी कामकाज में हिंदी के प्रयोग को गति देने के लिए राजभाषा विभाग, राजभाषा कार्यान्वयन समिति आदि गठित की गई। विशिष्ट क्षेत्रों में हिंदी में कार्य करने के लिए इन भाषा आयोगों ने उल्लेखनीय कार्य किया।

विशिष्ट क्षेत्रों में हिंदी भाषा में काम करने के लिए हिंदी भाषा के जिस स्वरूप को विकसित किया गया उसे ही बाद में प्रयोजनमूलक हिंदी का नाम दिया जाने लगा । वस्तुतः प्रयोजनमूलकहिंदीहिंदीभाषाकावहविशेषरूपहैजिसेहमव्यावसायिक, कार्यालयी, तकनीकी, न्याय, उद्योग, विज्ञानआदिकेक्षेत्रमेंप्रयोगकरतेहैं। प्रयोजनमूलक भाषा अभिधा-प्रधान एकार्थी होती है । इसमें अलंकारों, लक्षणा-व्यंजना आदि का प्रयोग नहीं होता है । इसे कामकाजी हिंदी, व्यावहारिक हिंदी, अनुप्रयुक्त हिंदी

आदि नामों से भी जाना जाता है।

डॉ नरेश मिश्र के अनुसार – "ज्ञान विज्ञान के विविध संदर्भों में हिंदी की विभिन्न प्रयुक्तियों का जो स्वरूप विकसित हुआ है उसे प्रयोजनमूलक हिंदी कहते हैं ।"

प्रयोजनमूलकहिन्दीकास्वरूप :

हिन्दी भारत की राष्ट्रभाषा है। इसके बोलने व समझने वालों की संख्या के अनुसार विश्व में यह तीसरे क्रम की भाषा है। यानी कि हिन्दी अंतर्राष्ट्रीय भाषा है। अत: स्वाभाविक ही है कि विश्व की चुनिंदा भाषाओं में से एक महत्वपूर्ण भाषा और भारत की अभिज्ञात राष्ट्रभाषा होने के कारण, देश के प्रशासनिक कार्यों में हिन्दी का व्यापक प्रयोग हो, राष्ट्रीयता की दृष्टि से ये आसार उपकारक ही है।

प्रयोजनमूलक हिन्दी के भाषिक अध्ययन का ही एक और नाम है, एक और रूप है एक समय था जबकि सरकारी-अद्र्धसरकारी या सामान्यत: कार्यालयीन पत्राचार के लिए अंग्रेजी एक मात्र सक्षम भाषा समझी जाती थी। अंग्रेजी की उक्त महानता आज, सत्य से टूटी चेतना की तरह बेकार सिद्ध हो रही है चूंकि हिन्दी में अत्यन्त बढ़िया, स्तरीय तथा प्रभावक्षम पत्राचार संभव हुआ है।

प्रयोजनमूलकहिंदी:

प्रयोजनमूलक हिंदी उस हिंदी को कहते हैं जिसका प्रयोग विभिन्न प्रयोजनों के लिए किया जाता है। जिन विशिष्ट प्रयोजनों के लिए प्रयोजनमूलक हिंदी का प्रयोग किया जाता है उन्हें उस क्षेत्र की प्रयुक्ति भी कहते हैं। प्रयोजनमूलक हिंदी का प्रयोग निम्नलिखित विशिष्ट प्रयोजनों के लिए किया जाता है:–

1. कार्यालयीहिंदी:

सरकारी कामकाज तथा प्रशासनिक कार्यों में प्रयुक्त होने वाली हिंदी कार्यालयी हिन्दी है। भारतीय संविधान में इसके कार्यान्वयन के लिए कुछ नियम बने हुए हैं । कार्यालयी प्रयोजनमूलक हिंदी की प्रयुक्ति में एक शब्द अथवा अपूर्ण वाक्य पूरे वाक्य का अर्थ देते हैं और प्रत्येक विशिष्ट शब्द किसी विशिष्ट अर्थ का द्योतक होता है। जैसे 'गोपनीय', 'तत्काल', 'आवश्यक कार्यवाही के लिए' आदि।

2. व्यावसायिकहिंदी :

बैंकों, मंडियों तथा व्यवसाय से संबंधित कार्यों में प्रयुक्त की जाने वाली हिंदी इस वर्ग में आती है। इसे वाणिज्यिक प्रयोजनमूलक हिंदी भी कहा जाता है। मुद्रा, उत्पादन, सहकारिता, पूंजी आदि शब्द व्यवसाय के क्षेत्र में उपयोग किए जाते हैं। इस क्षेत्र में प्रयुक्त अपूर्ण वाक्य व एक शब्द भी पूरे वाक्य का अर्थ देते हैं तथा प्रत्येक अभिव्यक्ति का एक विशिष्ट अर्थ होता है। जैसे – सोना लुढ़का,

चाँदी भड़की, सोनी ने चमक दिखायी, चना गरम, छोटी इलायची ने खुशबू बिखेरी, सूचकांक नीचे आदि शब्द प्रयुक्त होते हैं।

3. तकनिकीहिंदी:

विभिन्न तकनीकी विषयों जैसे – विज्ञान, विधि, इंजीनियरिंग, चिकित्सा आदि में प्रयुक्त प्रयोजनमूलक हिंदी इस वर्ग में आती है । इसके अंतर्गत रोमन, ग्रीक आदि संकेतों तथा प्रतीकों को यथावत ग्रहण कर लिया गया है तथा आवश्यकतानुसार पारिभाषिक शब्दों का निर्माण भी किया गया है। जैसे – अल्फा, बीटा, गामा, जड़त्व, घनत्व, परमाणु, अणु, अभियांत्रिकी आदि।

4. समाजीहिंदी :

विभिन्न सामाजिक कार्यक्रमों में सामाजिक कार्यकर्ताओं द्वारा समाज के विभिन्न वर्गों को संबोधित की जाने वाली प्रयोजनमूलक हिंदी समाजी हिन्दी है । इसके अंतर्गत विभिन्न राजनीतिक, सामाजिक, धार्मिक, सामुदायिक सभाओं में जनता से संवाद करने के लिए विशेष प्रयोजन के कारण प्रयुक्त की जाने वाली शब्दावली सम्मिलित होती हैं। इस वजह से इसे समाजी प्रयोजनमूलक हिंदी कहते हैं । इसकी शब्दावली आम जनता की समझ में आ सकने वाली व्यवहारिक हिंदी के समान होती है ।

5. जनसंचारीहिंदी :

वर्तमान समय में जनसंचार के क्षेत्र में क्रांतिकारी परिवर्तन हुए हैं । इन्हीं परिवर्तनों के कारण जनसंचार के क्षेत्र में कुछ विशिष्ट शब्दावली का प्रयोग आवश्यक हो गया है । पत्रकारिता, आकाशवाणी, दूरदर्शन, विज्ञापन, इंटरनेट आदि के क्षेत्र में प्रयुक्त होने वाली हिंदी को जनसंचारी हिंदी कहा जाता है । जनसंचार के क्षेत्र में प्रयुक्त शब्दावली का प्रत्येक शब्द और वाक्य एक विशिष्ट अर्थ को अभिव्यक्त करता है और कई बार एक शब्द पूरे वाक्य का अर्थ दे जाता है। इस प्रकार प्रयोजनमूलक हिंदी को उसकी प्रयुक्तियों के आधार पर कार्यालयी, व्यावसायिक, तकनीकी, जनसंचारी और समाजी हिंदी के वर्गों में विभाजित किया जा सकता है।

प्रयोजनमूलकहिन्दीकीविशेषताएं :

प्रयोजनमूलक भाषा की प्रमुख विशेषताएं इस प्रकार हैं –

1.सरलताऔरस्पष्टता: हिन्दी की प्रयोजनमूलक शब्दावली सरल और एकार्थक है, जो प्रयोजनमूलक भाषा का मुख्य गुण है। प्रयोजनमूलक भाषा में अनेकार्थकता दोष है। हिन्दी शब्दावली इस दोष से मुक्त है।

2.वाच्यार्थप्रधानता : हिन्दी के पर्याय शब्दों की संख्या अधिक है। अत: ज्ञान-विज्ञान के विविध क्षेत्रों में उसके अर्थ को स्पष्ट करने वाले भिन्न पर्याय चुनकर नए शब्दों का निर्माण संभव है। इससे वाचिक शब्द ठीक वही अर्थ प्रस्तुत कर देता है। अत: हिन्दी का वाच्यार्थ भ्रांति नहीं उत्पन्न करता।

3.अनुप्रयुक्तता :उपसर्गो, प्रत्ययों और सामासिक शब्दों की बहुलता के कारण हिन्दी की प्रयोजनमूलक शब्दावली स्वत: अर्थ स्पष्ट करने में समर्थ है। इसलिए हिन्दी की शब्दावली का अनुप्रयोग सहज है।

4. वैज्ञानिकता : प्रयोजनमूलक शब्द पारिभाषिक होते हैं। किसी वस्तु के कार्य-कारण संबंध के आधार पर उनका नामकरण होता है, जो शब्द से ही प्रतिध्वनित होता है। ये शब्द वैज्ञानिक तत्वों की भांति सार्वभौमिक होते हैं। हिन्दी की पारिभाषिक शब्दावली इस दृष्टि से महत्वपूर्ण हैं।

इस तरह प्रयोजनमूलक भाषा के रूप में हिन्दी एक समर्थ भाषा है।स्वतंत्रता के पश्चात प्रयोजनमूलक भाषा के रूप में स्वीकृत होने के बाद हिन्दी में न केवल तकनीकी शब्दावली का विकास हुआ है, वरन विभिन्न भाषाओं केशब्दों को अपनी प्रकृति के अनुरुप ढाल लिया है। आज प्रयोजनमूलक क्षेत्र में नवीनतम उपलब्धि इंटरनेट तक की शब्दावली हिन्दी में उलब्ध है, और निरंतर नए प्रयोग हो रह हैं।

साहित्य भाषा को प्रतिष्ठा दे सकता है, लेकिन विस्तार नहीं देता। भाषा को उसका प्रयोजनमूलक स्वरुप विस्तार देता है । प्रयोजनमूलक भाषा के रूप में हिन्दी को वैश्विक प्रसार मिला है। हिन्दी के प्रयोजनमूलक स्वरूप के विकास के कारण ही आज संपूर्ण भारत में हिन्दी को समझनेवाले और बोलनेवाले अधिक मात्रा में देखने को मिलते हैं। यह आवश्यक है कि यदि सही अर्थ में राजभाषा का क्रियान्वयन होता तो आज हिन्दी का प्रसार विदेशों में भी हो गया होता, लेकिन हिन्दी का विकास राजकीय प्रयोजनेतर माध्यमों के द्वारा हा रहा है, जिनमें चलचित्र, दूरदर्शन और उद्योग व्यापार के विदेशी प्रतिष्ठानों का योगदान अधिक है। इसलिए आज हिन्दी के प्रयोजनमूलक संदर्भो से जो क्षेत्र जुड़े हैं वे हैं –

1. राजभाषा और उससे सबंद्ध क्षेत्र (कामकाजी क्षेत्र)।

2. पत्रकारिता।

3. श्रव्य माध्यम।

4. दूरदर्शन और चलचित्र।

5. अनुवाद और उसके माध्यम के विज्ञान, तकनीक और व्यापार। इन क्षेत्रों में हिन्दी के प्रयोग का ज्ञान ही आज की उपभोक्तावादी सभ्यता में हिन्दी और हिन्दी भाषी को प्रतिष्ठित कर सकता है।

डॉ. एस. ए. मंजुनाथ

****

2

अपठित पद्यांश और गद्यांश (Unseen Passages)

अपठित पद्यांश- परिभाषा:

वह काव्यांश जिसका अध्ययन अपने पाठ्यक्रम में निर्धारित नहीं किया गया हो उसे, अपठित पद्यांश या काव्यांश कहा जाता है । इन काव्यांश से छात्रों के भावग्रहण सामर्थ्य का मूल्यांकन किया जाता है । इन पद्यांशों के अंत में पद्यांश पर आधारित प्रश्न होते हैं और उनका उत्तर लिखना पड़ता है । इन प्रश्नों का उत्तर देते समय छात्रों को काव्यांश को मनोयोग से पढ़कर उसका अर्थ समझना चाहिए। पद्यांश कठिन लगने पर पुनः पुनः पढ़कर भाव स्पष्ट रूप से समझ लेने के बाद उस पद्यभाग से संबंधित प्रश्नों को ध्यान से पढ़कर, जिन पंक्तियों में प्रश्नों का उत्तर निहित है, उनको देखकर दिए गए प्रश्नों का उत्तर स्पष्ट रूप से लिखना अनिवार्य है । उत्तर की भाषा सहज और सरल हो और प्रतीकात्मक एवं लाक्षणिक शब्दों के उत्तर को एक से अधिक शब्दों की सहायता से लिखना चाहिए । कुछ अपठि पद्यांश निम्नलिखित हैं-

अपठितपद्यांश :

उदाहरण-1

रण-बीचचौकड़ीभर-भरकर,

चेतकबनगयानिरालाथा।

राणाप्रतापकेघोड़ेसे,

पड़गयाहवाकापालाथा
    जो तनिक हवा से बाग हिली
    लेकर सवार उड़ जाता था
    राणा की पुतली फिरी नहीं
    तब तक चेतक मुड़ जाता था
गिरतानकभीचेतकतनपर,
राणाप्रतापकाकोड़ाथा।
वहदौड़रहाअरिमस्तकपर
वहआसमान काघोड़ाथा।

    प्रश्न -

1. राणा प्रताप के घोडे का नाम क्या है।

    उ. राणा प्रताप के घोडे का नाम चेतक है ।

2. घोड़ा कैसे दौड रहा था ?

    उ. घोड़ा तेज़ दौड़ रहा था ।

    3. घोड़ा कहाँ दौड़ रहा था ?

    उ. घोड़ा आसमान में दौड़ रहा था ।

    4.राणा की पुतली फिरने के पहले घोड़ा क्या करताथा?

    उ. राणा की पुतली फिरने से पहले घोड़ा मुड़ जाता था।

5. चेतक पर कभी क्या नहीं गिरता था ?

    उ. चेतक पर कभी कोड़ा नहीं गिरता था ।

****

उदाहरण -2
    चाहनहींमैंसुरबालाके
    गहनोंमेंगूँथाजाऊँ,
चाहनहीं, प्रेमी-मालामें
    बिंधप्यारीकोललचाऊँ ।
चाहनहीं, सम्राटोंकेशव
    परहेहरि, डालाजाऊँ,
चाहनहीं, देवोंकेसिरपर
    चढ़ूँभाग्यपरइठलाऊँ ।
    मुझे तोड़ लेना वनमाली !
    उस पथ पर देना तुम फेंक,

मातृभूमि पर शीश चढ़ाने
जिस पथ जावें वीर अनेक ।

प्रश्न -

1. किसके गहनों में फूल गुँथाना नहीं चाहता ?

उ. सुरबाला के गहनों में गुँथाना नहीं चाहता है ।

2. फूल किसके शव पर रहना नहीं चाहता ?

उ. सम्राटों के शव पर रहना नहीं चाहता ।

3. वनमाली को कहाँ फेंकने के लिए कहता है ?

उ. मतृभूमि के लिए शीश चढ़ाने के वीर जिस पथ जाते हैं उस पथ पर फेंकने के लिए कहता है ।

4. किसके सिर पर फूल चढ़ना नहीं चाहता ?

उ. देवों के सिर पर चढ़ना नहीं चाहता ।

5. इसका कविता का शीर्षक क्या हो सकता है ?

उ. पुष्प की अभिलाशा ।

****

उदाहरण -3

सूर्य, तुम्हें देखते-देखते
मैं वृद्ध हो गया ।
लोग कहते हैं,
मैंने तुम्हारी किरणें पी हैं,
तुम्हारी आग को
पास बैठकर तापा है ।
और अफ़वाह यह भी है
कि मैं बाहर से बली
और भीतर से समृद्ध हो गया ।
मगर राज़ की बात कहूँ,
तो तुम्हें कलंक लगेगा ।
ताकत मुझे अब तुमसे नहीं,
अन्धकार से मिलती है ।
जहाँ तक तुम्हारी किरणें
नहीं पहुँचतीं,
उस गुफा के हाहाकार से मिलती है ।

प्रश्न -

1. उपर्युक्त पद्यांश का उपयुक्त शीर्षक लिखिए।

उ. सूर्य

2. कवि किसको देखते-देखते हुए वृद्ध हुआ ?

उ. कवि सूर्य को देखते-देखते हुए वृद्ध हुआ ।

3. लोगों के अनुसार कवि ने किसके आग से तापा है ?

उ. सूर्य के आग से कवि ने तापा है ।

4. राज़ की बात कहने से सूर्य को क्या लगेगा ?

उ. राज की बात कहने से सूर्य को कलंक लगेगा ।

5. कवि को अभी किससे ताकत मिलती है ?

उ. कवि को अभी अन्धकार से ताकत मिलती है ।

****

उदाहरण - 4

धुँधली हुई दिशाएँ, छाने लगा कुहासा,
कुचली हुई शिखा से आने लगा धुआँसा।
कोई मुझे बता दे, क्या आज हो रहा है,
मुंह को छिपा तिमिर में क्यों तेज सो रहा है?
दाता पुकार मेरी, संदीप्ति को जिला दे,
बुझती हुई शिखा को संजीवनी पिला दे।
प्यारे स्वदेश के हित अँगार माँगता हूँ।
चढ़ती जवानियों का श्रृंगार मांगता हूँ।
बेचैन हैं हवाएँ, सब ओर बेकली है,
कोई नहीं बताता, किश्ती किधर चली है?
मँझदार है, भँवर है या पास है किनारा?
यह नाश आ रहा है या सौभाग्य का सितारा?
आकाश पर अनल से लिख दे अदृष्ट मेरा,
भगवान, इस तरी को भरमा न दे अँधेरा।
तमवेधिनी किरण का संधान माँगता हूँ।
ध्रुव की कठिन घड़ी में, पहचान माँगता हूँ।

प्रश्न –

1. दिशाएँ क्या हुई ?

उ. दिशाएँ धुँधली हुई ।

2. बुझती हुई शिखा को कवि क्या पिलाने के लिए कहते हैं ?

उ. कवि बुझती हुई शिखा को संजीवनी पिलाने के लिए कहते हैं ।

3.कवि आकाश पर किससे अदृष्ठ लिखने के लिए कहते हैं ?

उ. कवि आकाश पर अनल से अदृष्ठ लिखने के लिए कहते हैं ।

4. तमवेधिनी क्या माँगता है ?

उ. तमवेधिनी किरण का संधान माँगता है ।

5. कवि प्यारे स्वदेश के हित में क्या माँगता है ?

उ. कवि प्यारे स्वदेश के हित में अंगार माँगता है ।

उदाहरण - 4

थकी दुपहरी में पीपल पर,
काग बोलता शून्य स्वरों में,
फूल आख़िरी ये बसन्त के
गिरे ग्रीष्म के ऊष्म करों में
धीवर का सूना स्वर उठता
तपी रेत के दूर तटों पर
हल्की-गरम हवा रेतीली
झुक चलती सूने पेड़ों पर।
अब अशोक के भी थाले में
ढेर-ढेर पत्ते उड़ते हैं,
ठिठका-नभ डूबा है रज में
धूल भरी नंगी सड़कों पर।
वन-खेतों पर है सूनापन,
खालीपन निशब्द घरों में,
थकी दुपहरी में पीपल पर
काग बोलता शून्य स्वरों में।
यह जीवन का एकाकीपन--
गरमी के सुनसान दिनों सा,
अन्तहीन दोपहरी डूबा
मन निश्चल है शुष्क वनों सा।
ठहर गई हैं चीलें नभ में,
ठहर गई है धूप-छांह भी,
शून्य तीसरा पहर पास है

जलते हुए बन्द नयनों सा ।

प्रश्न –

1. थकी दुपहरी में काग कहाँ बोलता था ?

उ. थकी दुपहरी में काग पीपल के पेड़ पर बोलता था ।

2. किसका सूना स्वर उठता ?

उ. धीवर का सूना स्वर उठता ।

3. हल्की गरम रेतीली हवा कहाँ झुककर चलती है ?

उ. हल्की गरम रेतीली हवा पेड़ों पर झुककर चलती है ।

4. नंगी सड़कों पर क्या भरी हुई है ?

उ. नंगी सड़कों पर धूल भरी हुई है ।

5. क्या ठहर गई है ?

उ. धूप-छांह भी ठहर गई है ।

****

अपठितगद्यांशः

अपठित गद्यांश का शाब्दिक अर्थ है – जो पहले कभी पढ़ा गया न हो । अपठित गद्यांश पहले न कभी पढ़ा हुआ गद्य साहित्य का एक अंश है । अपठित गद्यांश पाठ्यपुस्तकों से नहीं लिए जाते हैं । यह ऐसा गद्यांश होता है जिसे छात्र पहले कभी नहीं पढ़ा होता है । इस प्रकार के गद्यांश देकर उन पर आधारित विभिन्न प्रश्नों के उत्तर पूछे जाते हैं । अपठित गद्यांश के द्वारा पाठक की व्यक्तिगत योग्यता तथा अभिव्यक्ति क्षमता का पता लगाया जता है । इस प्रकार गद्यांशों का कोई विशेष क्षेत्र नहीं होता है । कला, विज्ञान, साहित्य, राजनीति और अर्थशास्त्र आदि किसी भी विषय से संबंधित गद्यांश हो सकते हैं । इस प्रकार के विषयों के निरंतर अभ्यास और प्रश्नों के उत्तर देने से पाठक का मानसिक स्तर उन्नत होता है और हमारी अभिव्यक्ति क्षमता में निखार आती है । इस प्रकार के गद्य में अभिव्यक्ति स्पष्ट रूप से होने के साथ विषय-वस्तु की संपूर्ण जानकारी होती है । इसमें बुद्धि की एकाग्रता होती है और तथ्यों का वास्तविक विवेचन होता है ।

अपठित गद्यांश की भाषा कठिन न होकर प्रेरणात्मक और सामाजिक परंपराओं से युक्त होने के कारण आसानी से समझ सकते हैं । इस प्रकार यह अपेक्षा की जाती है कि पाठक दिए गए गद्यांश को ध्यानपूर्वक पढ़कर उससे संबद्ध प्रश्नों का उत्तर उसी अनुच्छेद के आधार पर संक्षिप्त रूप में प्रस्तुत करने का प्रयास करें । अनुच्छेद के नीचे दिए गए प्रश्नों के उत्तर अपने शब्दों में लिखने

चाहिए । पाठक को प्रश्नों के उत्तर स्वयं अपनी भाषा शैली में देना चाहिए । इसमें व्यावहारिक भाषा का शुद्ध प्रयोग होना चाहिए ।

अपठितगद्यांशकेकुछउदाहरण :

उदाहरण :1

यह सच है कि विज्ञान ने मानव के लिए भौतिक सुख का द्वार खोल दिया है, किंतु यह भी उतना ही सच है कि उसने मनुष्य से उसकी मनुष्यता छीन ली है। भौतिक सुखों के लोभ में मनुष्य यंत्र की भाँति क्रियारत है, उसकी मानवीय भावनाओं का लोप हो रहा है और वह स्पर्धा के नाम पर ईर्ष्या और द्वेष से ग्रसित होकर स्वजनों का ही गला काट रहा है। इसी का परिणाम है, अशांति। मनुष्यता को दाँव पर हारकर भौतिक सुख की ओर बढ़ना अशुभ है।

प्रश्न -

1. उपर्युक्त गद्य खण्ड का उपयुक्त शीर्षक लिखिए।

   उ. शीर्षक- "विज्ञान : एक अभिशाप"।

2. विज्ञान ने मनुष्य के लिए कौन- साअ द्वार खोल दिया है?

   उ. विज्ञान ने मनुष्य के सुख द्वार खोल दिया ।

   3. मनुष्य किसकी भाँति क्रिया रत है ?

   उ.मनुष्य यंत्र की भाँति क्रिया रत है ।

   4. किसका लोप हो रहा है ?

उ. मानवीय भावानाओं का लोप हो रहा है ।

   5. क्या अशुभ है ?

   उ. भौतिक सुख की ओर बढ़ना अशुभ है ।
****

उदाहरण: 2

राष्ट्र की उन्नति पर ही व्यक्ति की उन्नति निर्भर है। यदि किसी के घोर संकुचित स्वार्थपूर्ण कामों के कारण राष्ट्रीय हित को क्षति पहुँचती हो अथवा राष्ट्र की निंदा होती हो तो ऐसे कुपुत्र का जन्म लेना निरर्थक है। राष्ट्रभक्त के लिए राष्ट्र का तिनका-तिनका मूल्यवान है। उसे राष्ट्र का कण-कण परम प्रिय है। वह अपने गाँव, नदी, पर्वत तथा मैदान को देख आनंद विभोर हो उठता है। जिसका मन, वाणी और शरीर सदा राष्ट्र-हित के कामों में तत्पर है, जिसे अपने पूर्वजों पर गर्व है, जिसको अपनी संस्कृति पर आस्था है तथा जो अपने देशवासियों को अपना समझता है, वही सच्चा राष्ट्रभक्त है।

प्रश्न -

1. व्यक्ति की उन्नति किस पर निर्भर है ?

उ. राष्ट्र की उन्नति पर व्यक्ति की उन्नति निर्भर है ।

2. राष्ट्र के हित कैसे क्षति पहुँचती है ?

उ. राष्ट्र के हित को संकुचित स्वार्थपूर्ण कामों के कारण क्षति पहुँचती है ।

3. राष्ट्रभक्त के लिए क्या-क्या मूल्यवान है ?

उ. राष्ट्रभक्त के लिए राष्ट्र का तिनका-तिनका मूल्यवान है ।

4. कौन आनंद विभोर होता है ?

उ. राष्ट्रभक्त आनंद विभोर होता है ।

5. सच्चा राष्ट्रभक्त कौन होता है ?

उ. अपने पूर्वजों पर गर्व, अपनी संस्कृति पर आस्था तथा अपने देशवासियों को अपना समझनेवाला सच्चा राष्ट्रभक्त है।

****

उदाहरण: 3

परोपकार-कैसा महत्त्वपूर्ण धर्म है। प्राणिमात्र के जीवन का तो यह लक्ष्य होना चाहिए। यदि विचारपूर्वक देखा जाए तो ज्ञात होगा कि प्रकृति के सारे कार्य परोपकार के लिए ही हैं । नदियाँ स्वयं अपना पानी नहीं पीतीं। पेड़ स्वयं अपने फल नहीं खाते। गुलाब का फूल अपने लिए सुगन्ध नहीं रखता। वे सब दूसरों के हितार्थ हैं। महात्मा गांधी और अन्य महात्माओं का मत है कि परोपकार ही करना चाहिए, किंतु परोपकार निष्काम हो। यदि परोपकार किसी प्रत्युपकार की आशा से किया जाता है, तो उसका महत्व क्षीण हो जाता है।

भारत का प्राचीन इतिहास दया और परोपकार के उदाहरणों से भरा है। राजा शिवि ने कपोल की रक्षा के लिए अपने प्राण देने तक का संकल्प कर लिया था। परोपकार का इससे ज्वलंत उदाहरण और कौन-सा मिल सकता है? चाहे जो हो, परोपकार आदर्श गुण है। हमें परोपकारी बनना चाहिए।

प्रश्न –

1. इस गद्यांश का शीर्षक क्या हो सकता है ?

उ. इस गद्यांश का शीर्षक 'परोपकार' है।

2. भारत का प्राचीन इतिहास किससे भरा है?

उ. भारत का प्राचीन इतिहास दया और परोपकार से भरा है

3. प्राणिमात्र के जीवन का लक्ष्य क्या होना चाहिए?

उ. प्राणिमात्र के जीवन का एकमात्र उद्देश्य परोपकारी बनना होना चाहिए।

4. हमें कैसा बनना चाहिए?

उ. हमें परोपकारी बनना चाहिए।

5. किसने राजा कपोल की रक्षा के लिए अपने प्राण देने का संकल्प किया था ?

उ. राजा शिवि ने कपोल की रक्षा के लिए अपने प्राण देने तक का संकल्प कर लिया था।

उदाहरण: 4

ऐसा देखा जाता है कि अधिकांश लोग अपने बहुमूल्य समय को व्यर्थ में ही व्यतीत कर देते हैं। परंतु फिर तो वही बात कही जाती है "कि अब पछताए होत क्या जब चिड़िया चुग गई खेत", आज हम लोग जितना समय व्यर्थ की बातों में नष्ट कर देते हैं, यदि उसके दशमांश का भी सदुपयोग करना सीख जाते तो हम अपने जीवन में असाधारण सफलताएँ प्राप्त कर सकते हैं। प्रत्येक सुंदर समय हमारे लिए वस्तुएँ लेकर आता है, किंतु हम उनसे कोई लाभ नहीं उठाते।

प्रश्न -

1. उपर्युक्त गद्यांश का एक उचित शीर्षक दीजिए।

उ. 'समय का सदुपयोग'

2. अधिकांश लोग अपने बहुमूल्य समय कैसे व्यतीत करते हैं?

उ. अधिकांश लोग अपने बहुमूल्य समय को व्यर्थ में ही व्यतीत कर देते हैं।

3. हम लोग अधिक समय कैसे नष्ठ करते हैं ?

उ. हम लोग व्यर्थ की बातों में नष्ट कर देते हैं ।

4. प्रत्येक सुंदर समय हमारे लिए क्या लेकर आता है ?

उ. प्रत्येक सुंदर समय हमारे लिए वस्तुएँ लेकर आता है।

5. समय का सदुपयोग करना सीख जाते हैं तो क्या प्राप्त कर सकते हैं ?

उ. समय का सदुपयोग करना सीख जाते हैं तो असाधारण सफलताएँ प्राप्त कर सकते हैं ।

****

उदाहरण: 5

प्रकृति पर्यालोचन के सिवाय कवि को मानव-स्वभाव की आलोचना का भी अभ्यास कराना चाहिए। मनुष्य अपने जीवन में अनेक प्रकार के सुख-दुःख आदि का अनुभव करता है। उसकी दशा कभी एक-सी नहीं रहती है। अनेक प्रकार की

विचार-तरंगें उसके मन में उठा करती हैं। इन विचारों की जाँच, ज्ञान और अनुभव करना, सबका काम नहीं है। केवल कवि ही इनका अनुभव कराने में समर्थ होता है। जिसे कभी पुत्र शोक नहीं हुआ उसे कुल शोक का यथार्थ ज्ञान होना संभव नहीं है; पर यदि वह कवि है तो पुत्र शोकाकुल पिता या माता की आत्मा में प्रवेश सा करके उसका अनुभव कर सकता है। उस अनुभव का वह इस तरह वर्णन करता है कि सुनने वाला उस दुःख से अभिभूत हो जाता है, उसे ऐसा मालूम होने लगता है कि स्वयं उसी पर वह दुःख पड़ रहा है। जिस कवि को मनोविकारों और प्राकृतिक बातों का यथेष्ट ज्ञान नहीं होता, वह कदापि अच्छा कवि नहीं हो सकता है।

प्रश्न –

1. कवि को क्या कराना चाहिए ?

उ. कवि को मानव-स्वभाव की आलोचना का भी अभ्यास कराना चाहिए।

2. मनुष्य अपने जीवन में क्या अनुभव करता है ?

उ. मनुष्य अपने जीवन में अनेक प्रकार के सुख-दुःख आदि का अनुभव करता है।

3. कौन अच्छा कवि नहीं हो सकता ?

उ. जिस कवि को मनोविकारों और प्राकृतिक बातों का यथेष्ट ज्ञान नहीं होता, वह कदापि अच्छा कवि नहीं हो सकता है।

4.अनेक प्रकार की विचार-तरंगें किसके मन में उठा करती हैं। ?

उ.अनेक प्रकार की विचार-तरंगें कवि के मन में उठा करती हैं।

5. कौन पुत्र शोकाकुल पिता या माता की आत्मा में प्रवेश सा करके उसका अनुभव कर सकता है ?

उ. कवि पुत्र शोकाकुल पिता या माता की आत्मा में प्रवेश सा करके उसका अनुभव कर सकता है

****

3
संक्षेपण (Precise writing)

परिभाषा:

किसी विस्तृत विवरण, सविस्तार व्याख्या, वक्तव्य, पत्र व्यवहार या लेख के तथ्यों और निर्देशों के ऐसे संयोजन को 'संक्षेपण' कहते हैं, जिसमें अप्रासंगिक, असम्बद्ध, पुनरावृत, अनावश्यक बातों का त्याग और सभी अनिवार्य, उपयोगी तथा मूल तथ्यों का प्रवाहपूर्ण संक्षिप्त संकलन हो । इस परिभाषा के अनुसार, संक्षेपण एक स्वतः पूर्ण रचना है। उसे पढ़ लेने के बाद मूल सन्दर्भ को पढ़ने की कोई आवश्यकता नहीं होती। सामान्यतः संक्षेपण में लम्बे-चौड़े विवरण, पत्राचार, आदि की सारी बातों को अत्यन्त संक्षिप्त और क्रमबद्ध रूप में रखा जाता है। इसमें कम-से-कम शब्दों में अधिक-से-अधिक विचारों, भावों और तथ्यों को प्रस्तुत करते हैं। वस्तुतः संक्षेपण किसी बड़े ग्रंथ का संक्षिप्त संस्करण, बड़ी मूर्ति का लघु अंकन और बड़े चित्र का छोटा चित्रण है। इसमें मूल की कोई भी आवश्यक बात छूटना नहीं चाहिए। अनावश्यक बातें छाँटकर निकाल दी जानी चाहिए और मूल बातों को रख दी जाती हैं। यह काम सरल नहीं है और इसके लिए निरन्तर अभ्यास की आवश्यकता होती है।

एकअच्छेसंक्षेपणकेगुण

संक्षेपण एक प्रकार का मानसिक प्रशिक्षण है, मानसिक व्यायाम भी। उत्कृष्ट संक्षेपण के निम्नलिखित गुण हैं-

1. **संक्षिप्तता-** संक्षिप्तता संक्षेपण का एक प्रधान गुण है। इसके आकार का निर्धारण और नियम न होने पर संक्षेपण को सामान्तया मूल का तृतीयांश होना

चाहिए। इसमें व्यर्थ विशेषण, दृष्टान्त, उद्धरण, व्याख्या और वर्णन नहीं होने चाहिए।

2. पूर्णता- संक्षेपण स्वतः पूर्ण होना चाहिए। संक्षेपण करते समय इस बात का ध्यान रखना चाहिए कि उसमें कहीं कोई महत्त्वपूर्ण बात छूट तो नहीं गयी। आवश्यक और अनावश्यक अंशों का चुनाव खूब सोच-समझकर करना चाहिए। यह अभ्यास से ही सम्भव है।

3. भाषाकीसरलता- संक्षेपण के लिए यह बहुत जरूरी है कि उसकी भाषा सरल और परिष्कृत हो। क्लिष्ट और समासबहुल भाषा का प्रयोग नहीं होना चाहिए। संक्षेपण की भाषा सुस्पष्ट और आडम्बरहीन होनी चाहिए तभी उसमें सरलता आ सकेगी।

4. स्पष्टता- संक्षेपण की अर्थव्यंजना स्पष्ट होनी चाहिए। मूल अवतरण का संक्षेपण ऐसा लिखा जाय, जिसके पढ़ने से मूल सन्दर्भ का अर्थ पूर्णता और सरलता से स्पष्ट हो जाय।

5. शुद्धता- संक्षेपण में भाव और भाषा की शुद्धता होनी चाहिए। शुद्धता से हमारा मतलब यह है कि संक्षेपण में वे ही तथ्य तथा विषय लिखे जाय, जो मूल सन्दर्भ में हों।

6. प्रवाहऔरक्रमबद्धता- संक्षेपण में भाव और भाषा का प्रवाह एक आवश्यक गुण है। भाव क्रमबद्ध हों और भाषा प्रवाहपूर्ण। क्रम और प्रवाह के सन्तुलन से ही संक्षेपण का स्वरूप निखरता है।

संक्षेपण-1

भारत के पास कुछ ऐसी संपदाएँ हैं तथा लाभ हैं जिनके बारे में विश्व के कुछ देश गर्व से दावा कर सकते हैं। हमें अपने गौरवशाली अतीत और वर्तमान योगदानों तथा अपने भविष्य की रूपरेखा बनाने के लिए प्राप्त प्रतिस्पर्धात्मक लाभ को पहचानना चाहिए। विश्व एक बौद्धिक समाज में परिवर्तित हो रहा है, जहाँ समन्वित ज्ञानराशि तथा धन का स्रोत होगा। यही वह समय है, जब भारत खुद को एक बौद्धिक शक्ति में बदलने और फिर अगले दो दशकों के भीतर एक विकसित देश बनने के लिए इस अवसर का लाभ उठा सकता है। इस रूपांतरण के लिए यह जानना आवश्यक है कि हम प्रतिस्पर्धात्मकता के मामले में कहाँ हैं जो एक बौद्धिक शक्ति बनाने की दिशा में अग्रसर होने के लिए वास्तविक इंजन है।

शब्दसंख्या : 122

संक्षेपण

शीर्षक : प्रतिस्पर्धाकीपहचान

भारतीय का गौरवमय अतीत, वर्तमान उपलब्धियों व भविष्य के प्रारूप को जानने की आवश्यकता है क्योंकि संसार बौद्धिक होता जा रहा है और ज्ञानशक्ति व धन का स्रोत . बनता जा रहा है। विकास के लिए उसे प्रतिस्पर्धा में स्वयं को पहचानना होगा कि वह कहाँ है।

शब्दसंख्या : 40

****

संक्षेपण-2

इन सब के पीछे राजनीति है। यह कोई नई बात नहीं है। नालंदा विश्वविद्यालय की कई महिमा रही है। शिक्षा के क्षेत्र में बड़ा दबदबा रहा है नालंदा का। दस हजार विद्यार्थी और पन्द्रह सौ आचार्य थे। बौद्ध दर्शन, दर्शन, इतिहास, निरुक्त, वेद, हेतुविद्या, न्याय शास्त्र, व्याकरण, चिकित्सा शास्त्र, ज्योतिष आदि के शिक्षण की व्यवस्था। इस विश्वविद्यालय में। आचार्य शीलभद्र, नागार्जुन, आचार्य धर्म कीर्ति, आचार्य ज्ञानश्री, आचार्य बुद्ध भद्र, आचार्य गुणपति, आचार्य स्थिरमति, आचार्य सागरमति जैसे विख्यात आचार्यों का नाम नालंदा से जुड़ा रहा। लेकिन नालन्दा के इतिहास में काला धब्बा भी लग गया है। यह काला धब्बा नालंदा के पुस्तकालय को लेकर है। बख्तियार खिलजी के आक्रमणों से देश की जो सबसे बड़ी हानि हई, वह थी वहाँ के इन पुस्तकालयों को आग के हवाले करना। इस अग्निकाण्ड में वे अमूल्य ग्रन्थ सदा के लिए भस्म हो गए। जिनका उल्लेख मात्र तिब्बती और चीनी ग्रंथों में मिलता है। युवानच्चाङ ने नालंदा के पुस्तकालय का बड़ा गौरवपूर्ण उल्लेख किया है। तिब्बती विवरणों से पता चलता है कि नालंदा में पुस्तकालयों का एक विशिष्ट क्षेत्र था। उसे वह 'धर्मगंज' कहते थे। इसमें 'रत्नसागर', 'रत्नोदधि' और रत्नंजक नामक तीन विशाल पुस्तकालय थे। 'रत्नसागर' का भवन नौ-मंजिला था।

शब्दसंख्या : 193

संक्षेपण

शीर्षक : नालंदाविश्वविद्यालयकीमहिमा

नालंदा विश्वविद्यालय की शिक्षा के क्षेत्र में कभी धाक रही है। यहाँ बौद्ध दर्शन, दर्शन, इतिहास, निरुक्त, वेद शास्त्र, हेतु विद्या, न्याय शास्त्र, व्याकरण, चिकित्सा, ज्योतिष आदि तत्कालीन सभी विषयों की उत्तम व्यवस्था थी। कई नामी शिक्षक थे किंत बख्यिार खिलजी के आक्रमणों के समय इसके पुस्तकालयों को जला दिया गया जिसके कारण इसमें स्थित अमूल्य ग्रंथ नष्ट हो गए जिनकी चर्चा केवल तिब्बती और चीनी ग्रंथों में होती है।

शब्दसंख्या : 72.

****

संक्षेपण-3

प्रकृति हमारे सामने अनेक रूपों में आती है । कहीं सुसज्जित सुंदर रूप से तो कहीं बीभत्स या कर्कश रूप में; कहीं भव्य या शांत संक्षिप्त रूप में । सच्चे कवि का हृदय उसके प्रयेक रूप में लीन रहता है क्योंकि उसके अनुराग का कारण अपना व्यक्तिगत सुखभोग नहीं बल्कि चिर-साहचर्य द्वारा प्रतिष्ठित वासना है जो केवल प्रफुल्लित प्रसून प्रसाद के सौरभ संचार, भौंरे की मधुर गुंजार, कोकिल कूजित कुंज और शीतल सुख स्पर्श, समीर इत्यादि की चर्चा करते हैं, वे विषयी या भोग लिप्त हैं । इसी तरह जो केवल मुक्ताभाग हिम बिन्दु मंडित सकारात्मक विशाल गति से उठी हुई सीक निहारिका के मध्य विविध रंग स्फुरणों की विशालता, सुंदरता और विचित्रता में ही अपने लिए कुछ पाते हैं, वे तमाशबीन हैं, सच्चे भावुक और सहृदय नहीं, प्रकृति के सामान्य और असामान्य सभी प्रकार के रूपों को रखनेवाले वर्णन हमें कालिदास, बाण, भास आदि संस्कृत के प्राचीन कवियों में मिलते हैं । कुछ कवियों ने मुक्तकर रचना में उल्लेख मात्र उद्दीपन की दृष्टि से किया है । प्रबंध रचना में थोड़ा बहुत संश्लिष्ट किया है, वह प्रकृति के विशेष रूप को लेकर है ।

संक्षेपण

शीर्षक: धर्म और विज्ञान

प्रकृति के दो रूप हैं – एक सुंदर, दूसरा बीभत्स । सच्चे कवि का हृदय दोनों में रमता है, किंतु जो प्रकृति के बाह्य सौंदर्य का चयन अथवा उसकी रहस्यमयता का उद्घाटन करता रह गया । वह कवि नहीं हो सकता । प्रकृति के सच्चे रूपों का चित्रण संस्कृति के प्राचीन कवियों कालिदास, बाणभट्ट आदि में मिलता है । प्रबंध काव्यों में इसका संश्लिष्ट चित्रण हुआ है।

(शब्द संख्या -60)

****

संक्षेपण- 4

मन की एकाग्रता की समस्या सनातन है। आज के प्रौद्योगिकी युग में जहाँ भौतिक उन्नति की संभावनाएँ अपार हैं ऐसे में छात्र जब अध्ययन करने बैठता है, तब उसके मन को अनेक तरह के विचार घेरने लगते हैं। वह सोचता है इस अर्थ प्रधान युग में मुझे उत्कृष्ट पद प्राप्ति के लिए एकाग्र मन से पढ़कर परीक्षा में उच्चतम श्रेणी प्राप्त करना आवश्यक है। लेकिन वह जब पढ़ने बैठता है तो

क्रिकेट, सिनेमा या मित्र-मण्डली की मौज-मस्ती के विचार में उसका मन भटकने लगता है। मन का यह विचलन बुद्धि की एकाग्रता भंग कर देता है। यह घबरा कर सोचता है, परीक्षा तिथि पास है, मन उद्विग्न है, कैसे अध्ययन करूँ? क्या करूँ? व्यर्थ के विचारचक्र से बुद्धि अस्थिर और मन चंचल बना रहता है। वह सोचता है यदि परीक्षा में अनुत्तीर्ण हो गया तो सब कुछ नष्ट हो जाएगा। पद, प्रतिष्ठा, वैभव कुछ नहीं मिलेगा, जीवन बोझ बन जाएगा, वह बार-बार हताशा से घिर जाता है। अनियंत्रित मन और एकाग्रहीनता उसे चिंताओं में डुबा देती है। अर्जुन की यह स्वीकारोक्ति कि 'चंचल मन का निग्रह वायु की गति रोकने के समान दुष्कर है उसे उचित प्रतीत होने लगता है।'

शब्दसंख्या : 198

संक्षेपण

शीर्षक: **मनकीएकाग्रता**

मन की एकाग्रता की समस्या सदा से रही है। छात्र पढ़ने बैठता है तो उसके मन में अनेक विचार घूमने लगते हैं। उन्नति के लिए वह एकाग्र करने का मन बनाता है पर मनोरंजन के साधन उसे भटका देते हैं। मन की एकाग्रहीनता उसे चिंतामग्न कर देती है। अनुभव करने लगता है कि चंचल मन को एकाग्र करना दुष्कर है।

शब्द संख्या : 61

****

संक्षेपण-5

शरीर के साथ श्रम आवश्यक है । यह इसलिए नहीं कि शरीर स्वस्थ रहे, बल्कि इसलिए कि शरीर जीवित रहे । शरीर को चालू रखने के लिए अपने परिश्रम से पदार्थों को उत्पन्न करना होगा । दूसरे ने हमारे लिए जो परिश्रम किया है, अब केवल उसके सहारे जीवित रहने का अधिकार नया समाज नहीं मानेगा । बाप-दादों के पुश्तैनी पैसों से जीवित रहने की बुरी सुस्त आदत हमने हजारों वर्षों से सीख ली है । उसने न केवल हमारे शरीर को निकम्म बनाया है, बल्कि हमारे मन को भी बुरी लालच का गुलाम बना दिया है । किसी भले मानस के लिए यह लज्जा की बात होनी चाहिए कि वह उनसे अपना पेट भरे जिसके लिए उसने स्वयं परिश्रम नहीं किया है । श्रम के आवश्यक नियम के अभाव में हम मजदूर-मालिक, अमीर-गरीब, सेठ- आसामी के चुभते हुए भेदों के शिकार हो गए हैं । सबसे अपना पिंड छुड़ाना मुश्किल पड़ रहा है । यदि हम सभी आदिम मानव की तरह आवश्यक कायिक श्रम से अर्जित भाग को ही ईमानदारी से अपना मानते होते तो दूसरों का पसीना बहाकर अमीर बनने का मनसिक कोढ़ हमें न हुआ होता । अमीर या धन

का एक जगह संचय समाज का फील पाँव रोग है । धन जब एक जगह संचित होता है तो दूसरी जगह अभाव उत्पन्न करता है । श्रम की नींव पर बननेवाला जीवन भीतर से संतोष देता है । आर्थिक बंटवारे को न्यायपूर्ण बनाता है । ईर्षा, लोभ, बेइमानी, काहिली जैसी बुराइयों से लोगों को बचाता है ।

संक्षेपण

शीर्षक: मनकीएकाग्रता

जीवन को न केवल स्वस्थ वरन जीवित बनाए रखने के लिए श्रम बहुत जरूरी है । दूसरों के परिश्रम पर जीनेवाला व्यक्ति निकम्मा और लालची होता है । श्रम के अभाव के कारण ही गरीब-अमीर, मजदूर-मालिक आदि का भेद-भाव पैदा होता है । वास्तव में श्रम से जो जीवन बनता है उसमें संतोष होता है और ईर्ष्या, लोभ, बेइमानी आदि बुराइयाँ भी सामने नहीं आतीं ।

****

4

अनुवाद (Transalation)

परिभाषा:

एक भाषा पाठ में निहित अर्थ या संदेश को दूसरी भाषा में कही गई बात को अनुवाद कहा जाता है अर्थात एक भाषा में कई गई बात को दूसरी भाषा में यथावत व्यक्त करने की प्रक्रिया को अनुवाद कहते हैं ।

अनुवाद शब्द अंग्रेजी के शब्द ट्रांसलेशन (Translation) का पर्यायवाची है। अंग्रेजी शब्दकोष के अनुसार, "एक भाषा के पाठ को दूसरी भाषा में व्यक्त करना 'ट्रांसलेशन' कहलाता है।" इसका अर्थ है--'पारवहन'। पार अर्थात् 'अन्यत्र' दूसरी ओर' तथा वहन का अर्थ है 'ले जाना'।

'अनुवाद' शब्द संस्कृत का यौगिक शब्द है जो 'अनु' उपसर्ग तथा 'वाद' के संयोग से बना है। संस्कृत के 'वद्' धातु में 'घञ' प्रत्यय जोड़ देने पर भाववाचक संज्ञा में इसका परिवर्तित रूप है 'वाद'। 'वद्' धातु का अर्थ है 'बोलना या कहना' और 'वाद' का अर्थ हुआ 'कहने की क्रिया' या 'कही हुई बात'। इस प्रकार किसी वस्तु को एक स्थान से अन्यत्र या दूसरी ओर ले जाना 'ट्रांसलेशन' कहलाता है। '

'अनु' उपसर्ग अनुवर्तिता के अर्थ में व्यवहृत होता है। 'वाद' में यह 'अनु' उपसर्ग जुड़कर बनने वाला शब्द अनुवाद है और 'अनुवाद' का अर्थ हुआ-'प्राप्त कथन को पुनः कहना' । पुनः कथन का पुनरावृति होती है, शब्दों की नहीं होती । यहाँ एक स्थान बिन्दु 'स्रोत-भाषा' या 'Source Language' है तो दूसरा स्थान बिन्दु 'लक्ष्य-भाषा' या 'Target Language' है और ले जाने वाली वस्तु 'मूल या स्रोत-भाषा में निहित अर्थ या संदेश होती है।

अनुवाद वस्तुतः जटिल भाषिक प्रक्रिया का परिणाम या उसकी परिणति है। अनुवाद की प्रक्रिया बहुस्तरीय होती है। एक स्तर विज्ञान की तरह विश्लेषणात्मक

है जो क्रमबद्ध विवेचन की अपेक्षा रखता है। प्रयोजनमूलक हिन्ही के साथ-साथ वर्तमान में अत्यंत प्रभावशाली माध्यम के रूप में अनुवाद की महत्वपूर्ण भूमिका है ।

आज-कल की दुनिया में तेजी से अविर्भूत होते ज्ञान-विज्ञान तथा प्रौद्योगिक की अनेकविध क्षेत्रों का फैलाव समस्त जगत् मे तीव्र गति से हो रहा है। ज्ञान-विज्ञान के उक्त सभी क्षेत्रों, देश-विदेशों की संस्कृति तथा देश के प्रशासन आदि को यथाशीघ्र समुचित ढंग से अभिव्यक्ति देने मे एक सहायक अनिवार्य तत्व के रूप मे अनुवाद का महत्व स्वयंसिद्ध है।

अनुवाद के उद्देश्य-

1. दूसरी भाषाओं की शैलियों, मुहावरों, दार्शनिक तथ्यों, वैज्ञानिक एवं तकनीकि ज्ञान की प्राप्ति।

2. दूसरी भाषा के साहित्य से अपनी भाषा के साहित्य को समृद्ध करना।

3. विचार विनिमय ।

अनुवाद के प्रकारः

अनुवाद मुख्यतः तीन प्रकार के होते हैं-

1. भावानुवाद

शब्दानुवाद की तुलना में भावानुवाद पाठक को अधिक समझ में आता है। इसमें शब्दों के क्रमानुसार अनुवाद का ध्यान न रखते हुये उस वाक्य या वाक्यों के भावगत पर नजर रखी जाती है और अनुवाद का लक्ष्य मूलभाव को उजागर करना होता है, लेकिन अनुवादक इस कार्य में अपने विचारों का सम्मिश्रण नही कर सकता। केवल वह भावानुवाद करता है।

2. शब्दानुवाद

शब्दानुवाद में मूल भाषा का दूसरी भाषा में ज्यों का त्यों अनुवाद किया जाता है। मूल भाषा की योजना और वाक्य विन्यास को यथावत अनुवाद की भाषा में रखा जाता है । यह शब्दसः उनका अनुवाद होता है अर्थात वाक्य में प्रयुक्त शब्दक्रम के अनुसार अनुवाद क्रम में अनुवाद किया जाता है । इससे कई वाक्यों का सही अर्थ ध्वनित नहीं होता और साथ ही साथ कई बार अर्थ का अनर्थ होने की भी संभावना रहती है ।

3. पर्याय या रूपांतर अनुवाद

इसमें अनुवादक की पूरी मनमानी रहती है। वह यथेष्ट परिवर्तन करता है। अपनी बातों-विचारों का समावेश करता है, लेकिन मूलपाठ के उद्देश्य अथवा विचार से भटकता नही है बल्कि उसमें नई ऊर्जा और चेतना भर देता है।

अनुवाद के नमूने : (कन्नड-हिन्दी-अंग्रेजी)

अनुवाद-1

व्याकरण और भाषा-शास्त्र के मुकाबले में भाषा खुद कहीं बड़ी चीज़ है । यह एक जाति और संस्कृति की प्रतिभा की कवित्वमय विरासत है और जिन विचारों और कल्पनाओं ने उन्हें ढाला है, उनका जीता-जागता रूप है । शब्द युग-युग में अपने अर्थ बदलते रहते हैं और पुराने विचार नए विचारों में तबदील हो जाते हैं, अगरचे अक्सर वे अपना पुराना भेस कायम रखते हैं, किसी पुराने लफ्ज़ या मुहावरे के मानी पकड़ना मुश्किल हो जाता है और उस भाव के बारे में तो कहा ही क्या जाए !

A Language is something infinitely greater than grammar and philology. It is the poetic testament of the genius of race and culture, and the living embodiment of the thoughts and fancies that have mouleded them. Words change their meanings from age to age and old ideas transform themselves into new, often keeping their old attire. It is difficult to capture the meaning, much less the spirit, of an old word or phrase. Some kind of a romantic and poetical approach is necessary if we are to have a glimpse into that old meaning and into the minds of those who used the language in former days.

ಭಾಷೆಯು ವ್ಯಾಕರಣ ಮತ್ತು ಭಾಷಾಶಾಸ್ತ್ರಕ್ಕಿಂತ ಬಹಳ ದೊಡ್ಡ ವಿಷಯವಾಗಿದೆ. ಇದು ಒಂದು ಜನಾಂಗ ಮತ್ತು ಸಂಸ್ಕೃತಿಯ ಪ್ರತಿಭೆಯ ಕಾವ್ಯ ಪರಂಪರೆ ಮತ್ತು ಅವುಗಳನ್ನು ರೂಪಿಸಿದ ಕಲ್ಪನೆಗಳು ಮತ್ತು ಕಲ್ಪನೆಗಳ ಜೀವಂತ ಅಭಿವ್ಯಕ್ತಿಯಾಗಿದೆ. ಪದಗಳು ಕಾಲಕಾಲಕ್ಕೆ ತಮ್ಮ ಅರ್ಥವನ್ನು ಬದಲಾಯಿಸುತ್ತವೆ ಮತ್ತು ಹಳೆಯ ಕಲ್ಪನೆಗಳು ಹೊಸದಕ್ಕೆ ರೂಪಾಂತರಗೊಳ್ಳುತ್ತವೆ, ಆಗಾಗ್ಗೆ ಅವ ತಮ್ಮ ಹಳೆಯ ವೇಷವನ್ನು ಉಳಿಸಿಕೊಂಡಿದ್ದರೂ, ಹಳೆಯ ಪದ ಅಥವಾ ಭಾಷಾವೈಶಿಷ್ಟ್ಯದ ಅರ್ಥವನ್ನು ಮತ್ತು ಆ ಭಾವನೆಯನ್ನು ಗ್ರಹಿಸಲು ಕಷ್ಟವಾಗುತ್ತದೆ.

****

अनुवाद-2

जीवन के कई क्षेत्रों में अनुशासन अत्यंत आवश्यक है । अनुशासन के बिना हम जानवर से भी बदतर हैं । स्कूल के दिनों में विद्यार्थी अनुशासित चरित्रवान होने पर उसके अपने भविष्य की जिंदगी में अच्छे परिणाम होते हैं । परिवार में भी अनुकूल स्थिति को बनाये रखने में अनुशासन बहुत जरूरी है । समाज और राष्ट्र में शांति सामरस्य संबंध बनाये रखने के लिए इस अनुशासन अत्यंत आवश्यक है

I

Discipline is very essential in evary walk of life. Without discipline, we are no better than brutes. If a student forms disciplined habits in his school days, it will have a good effect upon his future life. Discipline is necessary to maintain harmony in a family. It is equally necessary in maintaining peace and harmonious relation in society and a nation.

ಜೀವನದ ಹಲವು ಕ್ಷೇತ್ರಗಳಲ್ಲಿ ಶಿಸ್ತು ಅತ್ಯಗತ್ಯ. ಶಿಸ್ತು ಇಲ್ಲದಿದ್ದರೆ ನಾವು ಪ್ರಾಣಿಗಳಿಗಿಂತ ಕೆಟ್ಟವರು. ವಿದ್ಯಾರ್ಥಿಯು ಶಾಲಾ ದಿನಗಳಲ್ಲಿ ಶಿಸ್ತಿನ ಗುಣವನ್ನು ಹೊಂದಿದ್ದರೆ, ಆತ ತನ್ನ ಮುಂದಿನ ಜೀವನದಲ್ಲಿ ಉತ್ತಮ ಫಲಿತಾಂಶಗಳನ್ನು ಹೊಂದುತ್ತಾನೆ. ಕುಟುಂಬದಲ್ಲಿಯೂ ಅನುಕೂಲಕರ ಪರಿಸ್ಥಿತಿಯನ್ನು ಕಾಪಾಡಿಕೊಳ್ಳಲು ಶಿಸ್ತು ಬಹಳ ಮುಖ್ಯ. ಸಮಾಜ ಮತ್ತು ರಾಷ್ಟ್ರದಲ್ಲಿ ಶಾಂತಿ ಸೌಹಾರ್ದತೆ ಕಾಪಾಡಲು ಈ ಶಿಸ್ತು ಅತೀ ಅಗತ್ಯ.

****

अनुवाद-3

भगवान की दया से आज हमारे देश के शिक्षित देश में सुधार लाने के लिए उत्सुक हैं । इस सुधार की पहली सीढी ही शिक्षा है । वर्तमान में हमारे देश की आबादी में दस प्रतिशत शिक्षित नहीं है । लेकिन कई आजाद राष्ट्रों में पाँच फीसदी भी अशिक्षित नहीं मिलते ।हमारे देश में नौकरी प्राप्त करना ही शिक्षा का उद्देश्य समझा जाता है । लेकिन वास्तव अनपढ़ आदमी इहलोक और परलोक दोनों के लिए भी योग्य नहीं समझा जाता है ।

By the grace of God, the educated people of our country today are eager to reform the country. The first step for this is education. At present, not even ten percent of our people are educated. But among the free countries, there are some, where we cannot find even five percent of uneducated people. In our land, education is thought of only for obtaining service. But the fact is that the uneducated person is no good either for this world, or for the other.

ದೇವರ ದಯೆಯಿಂದ, ನಮ್ಮ ದೇಶದ ವಿದ್ಯಾವಂತ ಜನರು ಇಂದು ದೇಶವನ್ನು ಸುಧಾರಿಸಲು ಉತ್ಸುಕರಾಗಿದ್ದಾರೆ. ಇದಕ್ಕೆ ಮೊದಲ ಹೆಜ್ಜೆ ಶಿಕ್ಷಣ. ಪ್ರಸ್ತುತ ನಮ್ಮಲ್ಲಿ ಶೇಕಡಾ ಹತ್ತರಷ್ಟು ಜನ ಕೂಡ ವಿದ್ಯಾವಂತರಲ್ಲ. ಆದರೆ ಕೆಲವು ಇತರ ದೇಶಗಳಲ್ಲಿ, ನಾವು ಐದು ಪ್ರತಿಶತ ಅವಿದ್ಯಾವಂತ ಜನರನ್ನು ಸಹ ಕಾಣವುದಿಲ್ಲ. ನಮ್ಮ ನಾಡಿನಲ್ಲಿ ಶಿಕ್ಷಣ ಒಂದು ಉದ್ಯೋಗವನ್ನು ಪಡೆಯಲು ಒಂದು ಮಾತ್ರ ಯೋಚಿಸಲಾಗಿದೆ. ಆದರೆ ಅವಿದ್ಯಾವಂತನು ಇಹಲೋಕಕ್ಕಾಗಲೀ, ಪರಲೋಕಕ್ಕಾಗಲೀ ಒಳ್ಳೆಯವರಲ್ಲ ಎಂಬ ಮಾತು ಮಾತ್ರ ಸತ್ಯ.

*****

अनुवाद-4

सभ्यता के लक्षणों में समाचार पत्र एक है । कोई राष्ट्र जितना ज्यादा शिक्षित होता, उतनी ही ज्यादा वहाँ समाचार पत्रों की माँग होती है; क्योंकि शिक्षित व्यक्ति यह जानने के लिए सदा उत्सुक रहता है कि दुनिया में क्या हो रहा है और इसकी जानकारी उसे समाचार पत्रों के माध्यम से ही मिल सकती है । हर प्रकार का स्थानीय और विदेशी समाचार हमें देना समाचार पत्र का प्राथमिक कार्य है । हमारे देश में तथा दुनिया के अन्य देशों में क्या हो रहा है, इसकी सूचना समाचार पत्र हमें देता है । समाचार पत्रों से ही हम दुनिया की महत्वपूर्ण और दिलचस्प घटनाओं के बारे में जान सकते हैं ।

Newspapers are one of the signs of civilization. The more a country is educated, the greater is the demand for newspapers, for an educated mana is always eager to know what is going on in this world. This information he can only have through the medium of newspapers. The primary function of a newspapers is to supply us with all sorts of news, local and foreign. It gives us information of what is going on in our own country and other parts of the world. It is only on account of newspapers that we can closely follow the important and interesting events of the world.

ಸಮಾಚಾರ ಪತ್ರಿಕೆಗಳು ನಾಗರಿಕತೆಯ ಸಂಕೇತಗಳಲ್ಲಿ ಒಂದಾಗಿದೆ. ಒಂದು ದೇಶವು ಹೆಚ್ಚು ಶಿಕ್ಷಣ ಪಡೆದಷ್ಟೂ ಪತ್ರಿಕೆಗಳಿಗೆ ಬೇಡಿಕೆ ಹೆಚ್ಚುತ್ತದೆ, ವಿದ್ಯಾವಂತ ಮನ ಈ ಜಗತ್ತಿನಲ್ಲಿ ಏನಾಗುತ್ತಿದೆ ಎಂದು ತಿಳಿಯಲು ಸದಾ ಉತ್ಸುಕನಾಗಿರುತ್ತಾನೆ. ಈ ಮಾಹಿತಿಯನ್ನು ಅವರು ಸಮಾಚಾರ ಪತ್ರಿಕೆಗಳ ಮಾಧ್ಯಮದಿಂದ ಮಾತ್ರ ಪಡೆಯಬಹುದು. ಸಮಾಚಾರ ಪತ್ರಿಕೆಗಳ ಪ್ರಾಥಮಿಕ ಕಾರ್ಯವೆಂದರೆ ನಮಗೆ ಸ್ಥಳೀಯ ಮತ್ತು ವಿದೇಶಿ ಎಲ್ಲಾ ರೀತಿಯ ಸುದ್ದಿಗಳನ್ನು ಒದಗಿಸುವುದು. ಇವುಗಳು ನಮ್ಮ ದೇಶ ಮತ್ತು ಪ್ರಪಂಚದ ಇತರ ಭಾಗಗಳಲ್ಲಿ ಏನು ನಡೆಯುತ್ತಿದೆ ಎಂಬುದರ ಮಾಹಿತಿಯನ್ನು ಒದಗಿಸುತ್ತವೆ. ಪ್ರಪಂಚದ ಪ್ರಮುಖ ಮತ್ತು ಆಸಕ್ತಿದಾಯಕ ಘಟನೆಗಳನ್ನು ನಾವು ನಿಕಟವಾಗಿ ಅನುಸರಿಸಲು ಪತ್ರಿಕಾ ಮಾಧ್ಯಮದಿಂದ ಮಾತ್ರ ಸಾಧ್ಯ.

******

अनुवाद-5

बाजार ऐसा सार्वजनिक स्थान है, जहाँ खरीदनेवाले और बेचनेवाले अपनी इच्छा की वस्तु खरीदने और बेचने, बिना किसी रोकथाम मिलते हैं । गाँवों में साप्ताहिक बाजार लगता है जहाँ विनिमय से व्यापार चलता है । मैसूर के प्रसिद्ध

मिल में तैयार हुए रेशम की साड़ी के लिए देशभर में बाजार होता है । सोना या चाँदी दुनियाँ भर में खरीद या बेच सकते हैं । पर तरकारियों या फलों के लिए इतना विशाल बाजार नहीं हो सकता । इनसे केवल एक शहर या गाँव की आवश्यकताओं की पूर्ति होती है ।

A market is a public place where buyers and sellers meet without any restriction to buy and to sell the things they like. Weekly markets are held in villages where commodities are sold on barter. Standard Silk Sarees produced by a well known mill at Mysore has country wide market. Gold or Silver can be brought and sold all over the world. But vegetables or fruits cannot command such a wide market. They can cater only to the needs of the people of a town or a village.

ಮಾರುಕಟ್ಟೆಯು ಒಂದು ಸಾರ್ವಜನಿಕ ಸ್ಥಳವಾಗಿದ್ದು, ಖರೀದಿದಾರರು ಮತ್ತು ಮಾರಾಟಗಾರರು ಯಾವುದೇ ನಿರ್ಬಂಧವಿಲ್ಲದೆ ತಮಗೆ ಬೇಕಾದುದನ್ನು ಖರೀದಿಸಲು ಮತ್ತು ಮಾರಾಟ ಮಾಡಲು ಭೇಟಿಯಾಗುತ್ತಾರೆ. ವಿನಿಮಯದ ಮೂಲಕ ವಹಿವಾಟು ನಡೆಸುವ ಹಳ್ಳಿಗಳಲ್ಲಿ ವಾರದ ಮಾರುಕಟ್ಟೆ ನಡೆಯುತ್ತದೆ. ಮೈಸೂರಿನ ಪ್ರಸಿದ್ಧ ಗಿರಣಿಯಲ್ಲಿ ತಯಾರಾಗುವ ರೇಷ್ಮೆ ಸೀರೆಗಳಿಗೆ ದೇಶದೆಲ್ಲೆಡೆ ಮಾರುಕಟ್ಟೆ ಇದೆ. ಚಿನ್ನ ಅಥವಾ ಬೆಳ್ಳಿಯನ್ನು ಪ್ರಪಂಚದಾದ್ಯಂತ ಖರೀದಿಸಬಹುದು ಅಥವಾ ಮಾರಾಟ ಮಾಡಬಹುದು. ಆದರೆ ತರಕಾರಿ ಅಥವಾ ಹಣ್ಣುಗಳಿಗೆ ಅಷ್ಟು ದೊಡ್ಡ ಮಾರುಕಟ್ಟೆ ಇರಲಾರದು. ಇವು ಕೇವಲ ಒಂದು ನಗರ ಅಥವಾ ಹಳ್ಳಿಯ ಅಗತ್ಯಗಳನ್ನು ಪೂರೈಸುತ್ತವೆ.

****

अनुवाद-6

यह विज्ञान का युग है । वर्तमान समय में विज्ञान में बहुत विकास हुआ है । विज्ञान के कारण से मनुष्य के जीवन में एक प्रकार की क्रांति हुई है । विज्ञान की देन और चमत्कार को कुछ ही बातों में समझाना संभव नहीं है । विज्ञान ने वैद्यकीय, याता-यात और संवहन के क्षेत्र में अद्भुत योगदान दिया है ।

The present is the age of Science. In recent times science hasa progressed by leaps and bounds. By virtue of science, a revolution has come in the life of mankind. The contribution and wonders of science cannot be described in a short space. Science has made tremendous contribution in the field of medicine, transport and communication.

ಇದು ವಿಜ್ಞಾನ ಯುಗ. ಇತ್ತೀಚಿನ ದಿನಗಳಲ್ಲಿ ವಿಜ್ಞಾನವು ಬಹಳ ಪ್ರಗತಿ ಹೊಂದಿದೆ. ವಿಜ್ಞಾನದಿಂದಾಗಿ ಮನುಷ್ಯನ ಜೀವನದಲ್ಲಿ ಒಂದು ಬಗೆಯ ಕ್ರಾಂತಿಯೇ ಆಗಿದೆ. ವಿಜ್ಞಾನದ ಕೊಡುಗೆಗಳು ಮತ್ತು ವಿಸ್ಮಯಗಳನ್ನು ಕೆಲವೇ ಮಾತುಗಳಲ್ಲಿ ವಿವರಿಸುವುದು ಅಸಾಧ್ಯ. ವಿಜ್ಞಾನವು ವೈದ್ಯಕೀಯ, ಸಾರಿಗೆ ಮತ್ತು ಸಂವಹನ ಕ್ಷೇತ್ರಗಳಲ್ಲಿ ಅದ್ಭುತ ಕೊಡುಗೆಯನ್ನು ನೀಡಿದೆ.

****

अनुवाद-7

आज के छात्र भारत के भावी नागरिक हैं। वे स्वतंत्र और आधुनिक भारत के शिल्पकार हैं। राष्ट्र निर्माण की बड़ी जिम्मेदारी छात्रों पर है। छात्रों को किसी भी स्थिति का आत्मविश्वास और सफलता के साथ सामना करने के लिए अनुशासन की आदत विकसित करनी चाहिए। छात्र दृढ़ इच्छाशक्ति, त्याग, ईमानदारी और चरित्र के साथ भारत की खोई हुई महिमा को पुनर्जीवित कर सकते हैं।

The students of today are the future citizens of India. They are the architetcts of free and modern India. The great responsibilitiy of nation building lies on the students. The students should develop the habit of discipline in order to face any situation with confidence and success. The students cana revive the lost glory of India with strong will, sacrifice, honesty and character.

ಇಂದಿನ ವಿದ್ಯಾರ್ಥಿಗಳು ಭಾರತದ ನಾಳಿನ ಪ್ರಜೆಗಳು. ಅವರು ಸ್ವತಂತ್ರ ಮತ್ತು ಆಧುನಿಕ ಭಾರತದ ಶಿಲ್ಪಿಗಳಾಗಿದ್ದಾರೆ. ದೇಶವನ್ನು ಕಟ್ಟುವ ದೊಡ್ಡ ಜವಾಬ್ದಾರಿಯು ವಿದ್ಯಾರ್ಥಿಗಳ ಮೇಲೆ ಇದೆ. ಯಾವುದೇ ಸನ್ನಿವೇಶವನ್ನು ಆತ್ಮವಿಶ್ವಾಸ ಮತ್ತು ಯಶಸ್ಸಿನ ಸಹಿತವಾಗಿ ಎದುರಿಸಬೇಕು ಎಂದರೆ ವಿದ್ಯಾರ್ಥಿಗಳು ಶಿಸ್ತಿನ ಅಭ್ಯಾಸಗಳನ್ನು ಕಲಿಯಬೇಕು. ದೃಢವಾದ ಮನಸ್ಸು, ತ್ಯಾಗ, ಪ್ರಾಮಾಣಿಕತೆ ಮತ್ತು ಉತ್ತಮ ಚಾರಿತ್ರ್ಯಗಳಿಂದ ವಿದ್ಯಾರ್ಥಿಗಳು ಭಾರತದ ಗತಕಾಲದ ವೈಭವವನ್ನು ಪುನಃ ಸ್ಥಾಪಿಸಬಹುದು.

अनुवाद-8

Kuppalli Venkatappa Puttappa, populalary known by the pen name KuVempu or K.V.Puttappa, was a kannada novelist, poet, playwright, critic and thinker. He is widely regarded as the greatest Kannada poet of the 20th century. He is the first among kannada writer to be decorated with the prestigious Jnanapeeta Award. For his contributions to Kannada litgerature, the Government of Karnataka decorated him with the honorific Rashtrakavi in 1958 and Karanataka Ratna in 1992. He was conferred the Padma

Vibhushn by Government of India 1988. He prenned the Karnataka State anthem Jaya Bharata Jananiya Tanujate.

कुप्पल्ली वेंकटप्पा पुट्टप्पा, कलम नाम से प्रसिद्ध, कुवेम्पु या के.वी.पुट्टप्पा कन्नड़ के उपन्यासकार, कवि, नाटककार, आलोचक और विचारक थे। उन्हें व्यापक रूप से 20वीं सदी के सबसे महान कन्नड़ कवि के रूप में माना जाता है। वह प्रतिष्ठित ज्ञानपीठ पुरस्कार से सम्मानित होने वाले कन्नड़ लेखकों में पहले हैं। कन्नड़ साहित्य में उनके योगदान के लिए, कर्नाटक सरकार ने उन्हें 1958 में 'राष्ट्रकवि' सम्मान से और 1992 में 'कर्नाटक रत्न' से सम्मानित किया। उन्हें भारत सरकार द्वारा 1988 में पद्म विभूषण से सम्मानित किया गया था। उन्होंने कर्नाटक राज्य गान 'जय भारत जननिय तनुजते' रचना की थी।

ಕುವೆಂಪು ಕಾವ್ಯನಾಮದಿಂದ ಪ್ರಸಿದ್ಧರಾದ ಕೆ.ವಿ.ಪುಟ್ಟಪ್ಪ ಅಥವಾ ಕುಪ್ಪಳ್ಳಿ ವೆಂಕಟಪ್ಪ ಪುಟ್ಟಪ್ಪನವರು ಕನ್ನಡ ಕಾದಂಬರಿಕಾರರು, ಕವಿಗಳು, ನಾಟಕಕಾರರು, ವಿಮರ್ಶಕರು ಮತ್ತು ಚಿಂತಕರೂ ಆಗಿದ್ದರು. ಅವರನ್ನು 20ನೇ ಶತಮಾನದ ಅತ್ಯಂತ ಶ್ರೇಷ್ಠ ಕನ್ನಡದ ಕವಿಯೆಂದು ಭಾವಿಸಲಾಗುತ್ತದೆ. ಪ್ರತಿಷ್ಠಿತ ಜ್ಞಾನಪೀಠ ಪ್ರಶಸ್ತಿಯನ್ನು ಪಡೆದ ಮೊಟ್ಟಮೊದಲ ಕನ್ನಡ ಸಾಹಿತಿಯಾಗಿದ್ದರು. ಕನ್ನಡ ಸಾಹಿತ್ಯಕ್ಕೆ ಅವರು ನೀಡಿದ ಕೊಡುಗೆಗಳಿಗಾಗಿ ಕರ್ನಾಟ ಸರಕಾರವು 1958 ರಲ್ಲಿ ಅವರಿಗೆ ರಾಷ್ಟ್ರಕವಿ ಮತ್ತು 1992 ರಲ್ಲಿ ಕರ್ನಾಟಕ ರತ್ನ ಎಂಬ ಪ್ರಶಸ್ತಿಗಳನ್ನು ಕೊಟ್ಟು ಗೌರವಿಸಿದೆ. ಭಾರತ ಸರಕಾರವು ಇವರಿಗೆ 1988 ರಲ್ಲಿ ಪದ್ಮಭೂಷಣ ಪುರಸ್ಕಾರವನ್ನು ನೀಡಿದೆ. ಕರ್ನಾಟಕದ ನಾಡಗೀತೆಯಾದ, 'ಜಯಭಾರತ ಜನನಿಯ ತನುಜಾತೆ' ಎಂಬ ಗೀತೆಯ ರಚನಾಕಾರರು ಕುವೆಂಪು ಅವರೇ.

अनुवाद-9

प्रदर्शनी मैदान को चमकदार और रंगीन रोशनी से सजाया गया था। पुरुष और महिलाएं अपने सबसे अच्छे हॉलिडे कपड़ों में कोने-कोने में घूम रहे थे और हर तरह के स्टाल की सुंदरता को देख रहे थे। ये स्टॉल छोटी-छोटी दुकानों की तरह थे और इनमें कपड़े जैसे सामान दिखाने या बेचने के लिए थे। साधारण और फैंसी दोनों, घरेलू फर्नीचर, विभिन्न प्रकार की मशीनरी, संगीत वाद्ययंत्र और दैनिक उपयोग के लिए कई लेख 'मेड इन इंडिया' लेबल दिखाते हैं।

Exhibition grounds were decorated with bright and colourful lights. Men and women in their best holiday clothes were moving from corner to corner watching the beauty of all kinds of stall set up. These stalls were like small shops and they had for show or sale such good as cloth. Both ordinary and fancy, household furniture, various types of machinery, musical instruments and numerous articles for daily use all showing labels 'Made in India'.

ವಸ್ತುಪ್ರದರ್ಶನ ಮೈದಾನವು ಉಜ್ವಲ, ಬಣ್ಣ-ಬಣ್ಣದ ದೀಪಗಳಿಂದ ಅಲಂಕೃತವಾಗಿತ್ತು. ಪುರುಷರು ಮತ್ತು ಮಹಿಳೆಯರು ಒಳ್ಳೊಳ್ಳೆ ಬಟ್ಟೆಬರೆ ತೊಟ್ಟಿದ್ದರು. ಅಲ್ಲಿಂದ ಇಲ್ಲಿಗೆ ಓಡಾಡುತ್ತಿದ್ದರು. ಅಲ್ಲಿದ್ದ ಎಲ್ಲಾ ಬಗೆಯ ಅಂಗಡಿಗಳ ಸೌಂದರ್ಯವನ್ನು ಸವಿಯುತ್ತಿದ್ದರು. ಅಲ್ಲಿರುವ ಸ್ಟಾಲುಗಳು ಸಣ್ಣ ಅಂಗಡಿಗಳಾಗಿದ್ದವು; ಬಟ್ಟೆ ಬರೆಯಂಥ ವಸ್ತುಗಳನ್ನು ಪ್ರದರ್ಶನ ಮತ್ತು ಮಾರಾಟಕ್ಕೆ ಇಟ್ಟಿದ್ದರು. ಸಾಧಾರಣ ಮತ್ತು ಫ್ಯಾನ್ಸಿ, ಮನೆಬಳಕೆಯ ಹೀತೋಪಕರಣಗಳು, ವಿವಿಧ ಬಗೆಯ ಯಂತ್ರಗಳು, ಸಂಗೀತ ಉಪಕರಣಗಳು ಮತ್ತು ದಿನಬಳಕೆಯ ಅನೇಕ ಬಗೆಯ ವಸ್ತುಗಳು ಅಲ್ಲಿದ್ದವು. ಎಲ್ಲವುಗಳ ಮೇಲೆ 'ಮೇಡ್ ಇನ್ ಇಂಡಿಯಾ' ಎಂಬ ಪಟ್ಟಿ ಕಾಣಿಸುತ್ತಿತ್ತು.

****

5

पल्लवन
(Amplification)

परिभाषा :

पल्लवन शब्द का शाब्दिक अर्थ है – विस्तार, अर्थात कोई दिया हुआ निर्धारित विषय जैसे की लोकोक्ति, उक्ति, सूक्ति, वाक्य, कहावत आदि के भावों को समझना और विस्तार देने को 'पल्लवन' कहते हैं। इसमें किसी विषय को विस्तारपूर्वक बताया जाता है ताकि उस सूत्र-वाक्य में छिपे हुए गहरे भाव को सरलता से सामने प्रस्तुत किया जा सके। 'पल्लवन' संक्षेपणकाविपरीतार्थकशब्दहै। संत, महात्मा, विद्वान आदि के संक्षिप्त और प्रतीक संबंधी शब्दों का प्रयोग करते हुए ऐसी जटिल बात कह देते हैं जो उनके लिए तो सरल होती है पर सामान्य व्यक्ति के लिए इसके भावों को समझने में कठिनाई होती है। अर्थात इसलिए ऐसे वाक्यों को पल्लवन की सहायता से स्पष्ट किया जाता है।

पल्लवन के लिए मूल अवतरण के उक्ति, वाक्य, सूक्ति, लोकोक्ति तथा कहावत को ध्यानपूर्वक पढ़े ताकि मूल के सम्पूर्ण भाव अच्छी तरह समझ में आ जाए.मूल विचार अथवा भाव के नीचे दबे अन्य विचारों को समझने का प्रयत्न करें.प्रधान और अप्रधान विचारों को समझ लेने के बाद एक-एक कर सभी स्थापित विचारों को एक-एक अनुच्छेद में लिखना आरंभ कीजिए ताकि कोई भी भाव तथा विचार छूटने न पाए।अर्थ तथा विचार का विस्तार करते समय उसकी दृढ़ता में जहाँ-तहाँ ऊपर से कुछ उदाहरण और वास्तविक घटना भी दिये जा सकते हैं।पल्लवन के लेखन में प्रसंग के विरुद्ध बातों का अनावश्यक विस्तार या वर्णन

बिलकुल भी नहीं होना चाहिए।पल्लवन में लेखक को प्रधान और अप्रधान भाव या विचार की टीका – टिप्पणी और विवेचना नहीं करनी चाहिए। इसमें मूल लेखक के मनोभावों का ही विस्तार और तत्वसंधान होना चाहिए।

1.मूलकथन –

"दया नहीं वह पत्थर है, जिसमें स्वदेश का प्यार नहीं."

पल्लवन – हर एक व्यक्ति अपनी जन्मभूमि और अपने देश से उसी प्रकार स्नेह रखता है जिस प्रकार वह माता – पिता के प्रति श्रद्धा तथा स्नेह रखता है. हर एक व्यक्ति के हृदय में अपने देश के प्रति अपनापन की भावना रहती है। इसे ही देशप्रेम या देशभक्ति कहा जाता है। जो व्यक्ति अपने देश से प्रेम नहीं करता है वह पत्थर दिल का होता है क्योंकि उसमें अपनेपन की भावना का कमी रहता है.

2.मूलकथन – "कर्ता से बढ़कर कर्म का स्मारक दूसरा नहीं."

पल्लवन– किसी कर्म का सबसे बड़ा स्मारक उस काम या कर्म को करने वाला अर्थात कर्ता होता है. जब हम किसी काम की प्रशंसा करते हैं तो हमारी नज़र उस कार्य को करने वाले की ओर जाती है। जब हमें उसी प्रकार के कार्य करने का अच्छा अवसर मिलता होता है तो पथप्रदर्शन के लिए उसके कर्ता की ओर ध्यान चला जाता है अर्थात वह कर्ता हमारा आदर्श बन जाता है। कर्मों द्वारा ही समाज में कर्ता की स्थिति बहुत मजबूत और प्रभावित बनती है. अतः इसलिए कर्म का स्मारक कर्ता के सिवाय कोई दूसरा नहीं हो सकता है।

3.मूलकथन – "नर और नारी जनमते और मरते हैं, परन्तु राष्ट्र सदा अमर रहता है।"

पल्लवन – संसार में अगणित नर तथा नारियों का जन्म प्रत्येक क्षण होता रहता है और हर क्षण मृत्यु भी होती है। मनुष्य के साथ जीना – मरना सदा लगा रहता है. यह निश्चित है की जन्म होता है तो मृत्यु भी होगी। परंतु राष्ट्र हमेशा अमर है इसकी आत्मा भी. राष्ट्र मनुष्य की तरह जीता या मरता नहीं है। व्यक्तियों के मरने से राष्ट्र नहीं मरता. जब तक राष्ट्र की अंतरंग एकता बहुत मजबूत रहती है उसपर कोई भी बाहरी शक्ति उँगली उठाने की हिम्मत नहीं कर सकता उसका अमरत्व बना रहता है। अतः नर-नारी के जन्म – मरण पर भी राष्ट्र अमर है बल्कि राष्ट्र की जो संस्कृति और राष्ट्रीयता है वह सारे राष्ट्र के नागरिकों के धर्म परिवर्तन तक कर लेने पर वही रहती है बदलती नहीं।

4.मूलकथन – "चन्दनविषव्यापतनहीं, लिपटेरहतभुजंग।"

पल्लवन –जो मनुष्य स्वभाव से विनम्र, मर्यादित एवं शिष्टतापूर्ण होता है, वह प्रतिकूल परिस्थितियों में दुर्जनों से घिरे रहने पर भी अपनी नैसर्गिक प्रतिभा

का हनन नहीं होने देता है। चंदन का वृक्ष विषैले सर्पो से घिरे रहने पर भी अपनी प्राकृतिक सुगंध को नहीं त्यागता, अपितु सम्पूर्ण वन को महकाता रहता है, उसी प्रकार महान् व्यक्ति दुष्टों के निरन्तर सम्पर्क में रहने पर भी अपनी नैसर्गिक महत्ता एवं उदारता का परित्याग नहीं करते हैं; भले ही कितने भी विषैले विकार अथवा प्रतिकार उन्हें घेरने की कोशिश करे वे अपने शिष्टता के आवरण को बिल्कुल नहीं त्यागतें। इसीलिए कहा गया है कि "चन्दन विष व्यापत नहीं, लिपटे रहत भुजंग"।

5. मूलकथन –

"दय नहीं वह पत्थर है, जिसमें स्वदेश का प्यार नहीं."

पल्लवन – हर एक व्यक्ति अपनी जन्मभूमि और अपने देश से उसी प्रकार स्नेह रखता है जिस प्रकार वह माता – पिता के प्रति श्रद्धा तथा स्नेह रखता है. हर एक व्यक्ति के हृदय में अपने देश के प्रति अपनापन की भावना रहती है. इसे ही देशप्रेम या देशभक्ति कहा जाता है. जो व्यक्ति अपने देश से प्रेम नहीं करता है वह पत्थर दिल का होता है क्योंकि उसमें अपनेपन की भावना का कमी रहता है।

****

6

पारिभाषिक शब्द
(Terminology)

परिभाषा:

पारिभाषिक शब्द अंग्रेजी के 'टेक्निकल' शब्द का हिंदी अनुवाद है । 'टेक्निकल' शब्द ग्रीक भाषा के 'टेक्निक्स' शब्द से बना है। जिसका अर्थ है – विशिष्ट कला या विज्ञान या कला । जो किसी विशिष्ट कला या विज्ञान की किसी शाखा से संबद्ध होते हैं तथा उनसे संबंधित किसी विशेष अर्थ की अभिव्यक्ति करते हैं तो उन्हें पारिभाषिक शब्द कहा जाता है । प्रयोग की दृष्टि से इन शब्दों को तीन भागों में बांटा जा सकता है –

1. सामान्यशब्द
2. अद्र्धपारिभाषिकशब्द
3. पारिभाषिकशब्द

1. सामान्यशब्द:

आम बोलचाल में प्रयोग किए जाने वाले शब्दों को सामान्य शब्द कहा जाता है। जैसे – बाजार, मकान, दुकान, भालू, आलू आदि। इस प्रकार के शब्द अनेक अर्थ अभिव्यक्त कर सकते हैं। इसके अतिरिक्त उसी अर्थ को अभिव्यक्त करने के लिए कुछ अन्य शब्द भी हो सकते हैं।

2. अर्धपारिभाषिकशब्द:

ऐसे शब्द जो कभी पारिभाषिक रूप में प्रयोग होते हैं तो कभी सामान्य रूप में, उन्हें अर्ध पारिभाषिक शब्द कहते हैं। इस विषय में अरस्तु ने कहा है – "एक शब्द अलग अलग प्रकरणों में पारिभाषिक भी हो सकता है और सामान्य भी।" उदाहरण के लिए 'रस' एक सामान्य शब्द भी है और पारिभाषिक भी। सामान्य जीवन में रस का अर्थ – किसी फल या गन्ने को निचोड़ कर प्राप्त किए गए पेय पदार्थ से है। काव्यशास्त्र में 'रस' का अर्थ – साहित्य से प्राप्त अलौकिक आनन्द से है जबकि रसायन विज्ञान में 'रस' विभिन्न द्रवों की ओर संकेत करता है।

3. पारिभाषिकशब्दः

पारिभाषिक शब्द वे शब्द होते हैं, जो किसी विशिष्ट क्षेत्र में एक विशिष्ट अर्थ की अभिव्यक्ति करते हैं। ये क्षेत्र चिकित्सा, विज्ञान, दर्शन, साहित्य, विधि व वाणिज्य आदि हो सकते हैं। कई बार एक ही शब्द कई क्षेत्रों में मिलता है। परंतु प्रत्येक क्षेत्र में वह शब्द एक विशेष अर्थ को लिए हुए होता है। जैसे – सेल (Cell) शब्द का अर्थ जीव विज्ञान, भौतिक विज्ञान व साहित्य के क्षेत्र में भिन्न भिन्न है। परंतु अनेकार्थी होते हुए भी किसी विशिष्ट क्षेत्र में इस शब्द का प्रयोग करने पर यह एक विशिष्ट अर्थ की अभिव्यक्ति करता है। उस क्षेत्र में कार्य कर रहे लोगों को भ्रम की स्थिति से बचाता है। । यही पारिभाषिक शब्दावली की उपयोगिता है।

पारिभाषिक शब्दावली की परिभाषा, "पारिभाषिक शब्द ऐसे शब्दों को कहते हैं। जो रसायन, भौतिकी, दर्शन, राजनीति आदि विभिन्न विज्ञानों या शास्त्रों के शब्द होते हैं तथा जो अपने-अपने क्षेत्रों में विशिष्ट अर्थ में सुनिश्चित रूप में परिभाषित होते हैं| अर्थ और प्रयोग की दृष्टि से निश्चित रूप से परिभाषित होने के कारण ही यह शब्द पारिभाषिक शब्द कहलाते हैं।

उपर्युक्त परिभाषाओं के आधार पर पारिभाषिक शब्द की निम्नलिखित विशेषताएं प्रकट होती है। पारिभाषिक शब्द किसी विशेष विज्ञान, विशेष कला या विशेष शास्त्र से जुड़े होते हैं पारिभाषिक शब्द एक विशिष्ट अर्थ की अभिव्यक्ति करते हैं। तथा इनका अर्थ सुनिश्चित तथा परिभाषित होता है।

विभिन्न क्षेत्रों में प्रयुक्त पारिभाषिक शब्द एक निश्चित अर्थ में परिभाषित होते हैं, किसी अन्य अर्थ में इनका प्रयोग नहीं किया जा सकता। अतः पारिभाषिक शब्द उन शब्दों को कहते हैं जिनका प्रयोग किसी विशिष्ट प्रयोजन के लिए किया जाता है। ये शब्द भौतिकी, रसायन जीव विज्ञान, अर्थशास्त्र, गणित, दर्शन, वाणिज्य, भूगोल, राजनीति विज्ञान आदि क्षेत्रों के विशिष्ट शब्द होते हैं।

पारिभाषिक शब्दावली से तात्पर्य उन शब्दों से है, जिनका प्रयोग सभी केन्द्रीय व राज्य मंत्रालयों, सरकारी कार्यालयों, स्वायत निकायों, सरकारी उपक्रमों आदि

में किया जाता है। वैज्ञानिक एवं तकनीकी शब्दावली आयोग द्वारा निर्मित पारिभाषिक अथवा प्रशासनिक शब्दावली में सामान्य शब्दों के अतिरिक्त प्रबन्ध, लेखा, वाणिज्य, राजस्व, विधि, सतर्कता, राजनीति, संसद, प्रकाशन, स्वास्थय, अभियांत्रिकी आदि से सम्बन्धित आधारभूत शब्द सम्मिलित हैं।

पारिभाषिक शब्द:

1. Indemnity - क्षतिपूर्ति , हर्जाना
2. Abeyance - ठहराव , दुविधा , स्थागन
3. Agregate - कुल , सकल , पूर्णयोग
4. Consensus - आम राय , मतैक्य
5. Documentation – प्रलेखन
6. Vice-Versa - विपरीत , उल्टा
7. Referendum - जनमत संग्रह
8. Surveilllance - निगरानी , चौकसी
9. Integrity - अखंडता , सत्यनिष्ठता
10. Minutes – कार्यवृत
11. Corrigendum - शुद्धि पत्र , भूल सुधार
12. Accountability – जवाबदेही
13. Eradication – उन्मूलन
14. Retrospective - पूर्व प्रभावी , भूतलक्षी
15. Unfair - अनुचित , अन्यायपूर्ण
16. Ex-offico – पदेन
17. Cut Motion - कटौती प्रस्ताव
18. Statutory – सांविधिक
19. Detenu - कैदी , नजरबन्द
20. Supersede - अधिक्रमण करना
21. Exonerate- दोष मुक्त करना
22. Consolidated Fund- संचित / स्वीकृत निधि
23. Agrarian- कृषि संबंधी
24. Insinuation- वक्रोक्ति / परोक्ष संकेत
25. Delimitation- परिसीमन
26. Covering Letter- आवरण पत्र

27. Authorize- प्राधिकार सौंपना
28. Accede- मान लेना/ सम्मिलित होना
29. Accrue- प्रोदभूत होना
30. Basic Pay- मूल वेतन
31. Caution- सावधान/ सावधानी
32. Confiscate अधिहरण करना/ जब्त
33. Disparity- असमानता
34. Grant- अनुदान
35. Proviso- शर्त/परंतुक
36. Preliminary- प्राम्भिक
37. Academy- अकादमी
38. Adjourn- स्थगित करना
39. Interception - अन्तरावरोध
40. Maintenance- अनुदान
41. Petition- याचिका
42. Fundamental- मौलिक / आधारभूत
43. Recurring- आवर्ती
44. Endorse- समर्थ करना
45. Abatement- उपशमन /कमी
46. Annual- वार्षिक
47. Cadre- संवर्ग
48. Bond- बध पत्र
49. Compliance- अनुपालन
50. Protocol- नयाचार
51. Margin – लाभ सीमा
52. Mortgage- बंधक
53. Registration- पंजीकरण
54. Invoice- बीजक
55. Instrument- प्रपत्र
56. Goodwill- अनुषंगी लाभ
57. Exchange- विनिमय
58. Endorsment- पृष्ठांकन

59. Dividend- लाभांश
60. Guarantee- प्रत्याभूति
61. Import- आयात
62. Investment- निवेश
63. Layout- विन्यास
64. Risk- जोखिम

****

7

भाषा के विविध रूप

परिभाषा :

सामान्य रूप से मुख-विवर से निःसृत होने वाले प्रत्येक ध्वनि-संकेत को भाषा मानी जाती है, किन्तु भाषा वैज्ञानिकों की व्यापक दृष्टि में यह सब भाषा नहीं है। समाज में उनके पृथक-पृथक व्यवहार को ध्यान में रख कर भाषाविदों ने इन्हें विभिन्न नामों से संकेतिक किया है। आज हिंदी को बहुत से लोग राष्ट्रभाषा के रूप में मानते हैं। कुछ इसे राजभाषा के रूप में प्रतिष्ठित देखना चाहते हैं। जबकि कुछ का मानना है कि हिंदी संपर्क भाषा के रूप में विकसित हो रही है। हिंदी के इन विभिन्न रूपों को विधिवत रूप में समझने का प्रयास करते हैं।

1. बोली(Patois)
2. विभाषायाउपभाषा(Dialect)
3. परिनिष्ठितभाषा(Standard Language)
4. सर्जनात्मकभाषा

1. बोली(Patois):

भाषा की छोटी इकाई को बोली मानी जाती है। कई विद्वान इसे विभाषा में भेद मानते हैं। किसी भी सीमित क्षेत्र की भाषा को उस क्षेत्र की 'उपभाषा' कहा जा सकता है,जो वहाँ के निवासियों द्वारा दैनिक बोल-चाल के रूप में मात्र मौखिक रूप में प्रचलित है। लेखन, साहित्यिक प्रयोग ,व्याकरणनिष्ठता आदि से इसका संबंध नहीं होता। भाषा की तरह इनमें व्यापकता अथवा स्थिर रूप के भी दर्शन नहीं होते। इसकी रूप-रचना और उच्चारण में स्थानीय प्रभाव स्पष्ट रूप से दिखाई

देता है। जिस प्रकार खड़ी बोली का एक रूप साहित्यिक है और दूसरा रूप विस्तृत ग्रामीण आंचलों में व्याप्त रूप है । इसी प्रकार ब्रजभाषा, भोजपुरी,आदि के स्वरूप भी स्पष्ट होते हैं। निजी उच्चारण के कारण बोली का अपना अस्तित्व होता है।

2. विभाषायाउपभाषा(Dialect)

भाषा की पूर्व इकाई है विभाषा । जब कोई बोली धार्मिक श्रेस्ठता,भौगोलिक, विस्तार अथवा उत्कृष्ट साहित्यिक रचनाओं के कारण समग्र प्रान्त अथवा उपप्रान्त में प्रचलित होकर साहित्यिक रूप धारण कर लेती है, तो उसे विभाषा अथवा उपभाषा कही जाती है। 'भाषाविज्ञान कोष' में विभाषा के संबंध में इस प्रकार का उल्लेख मिलता है- विभाषा अथवा डायलेक्ट किसी भाषा के उस विशिष्ट रूप है, जो किसी प्रान्त विशेष अथवा सीमित भौगोलिक क्षेत्र में बोली जाती है। जो अपने उच्चारण, व्याकरण रूप एवं शब्द-प्रयोग की दृष्टि से अन्य परिनिष्ठित एवं साहित्यिक भाषाओं से भिन्न होती है। भारत में प्रचलित ब्रजभाषा, अवधी, भोजपुरी, कन्नड़, बंगला आदि सभी विभाषा के क्षेत्र में आती है।ऐतिहासिक, राजनीतिक एवं भौगोलिक कारणों से ही बोलियाँ साहित्यिक रूप धारण कर विभाषा की दृष्टि में आ जाती हैं।

3. परिनिष्ठितभाषा(Standard Language)

परिनिष्ठित भाषा को मानकभाषा अथवा टकसाली भाषा भी कहते हैं। यह व्याकरण सम्मत शुद्ध साहित्यिक और परिमार्जित भाषा है। तमाम औपचारिक अवसरों पर इस भाषा का प्रयोग किया जाता है। व्याकरण के द्वारा शुद्ध, परिमार्जित रूप को सभ्य, संभ्रांत लोग तथा शिक्षित लोगों के बीच ग्राह्य रूप में परिनिष्ठित भाषा का प्रयोग होता है।

किसी भाषा की उस विभाषा को ही परिनिष्ठित भाषा की संज्ञा दी जा सकती है जो उस भाषा की अन्य विभाषाओं पर अपनी विनिमय का साधन बन जाती है। इसका ही सर्वाधिक प्रयोग शिक्षा, साहित्यिक रचना, पत्र-व्यवहार, राष्ट्रीय संबोधन आदि के लिए होता है।

आज सम्पूर्ण विश्व में अनेक मानक भाषाएँ हैं।वे पहले बोली प्रचलित रहीं परंतु कालांतर में सुव्यवस्थित व्याकरण से अनुशासित होकर वे भाषा का रूप धारण कर ली। हिंदी,संस्कृत,रूसी, फ्रेंच,अंग्रेजी, लेटिन, जर्मनी आदि अनेक भाषाएँ हैं जिन्हें परिनिष्ठित अथवा मानक भाषा का आसन प्राप्त है। पत्र-पत्रिका, ज्ञान-विज्ञान, पठन-पाठन आदि क्षेत्रों में इनका सर्वाधिक प्रयोग होता है। इस प्रकार स्पष्ट है कि जहाँ बोली का क्षेत्र अत्यंत सीमित होता है, परिवर्तनशील होता है वही भाषा का क्षेत्र व्यापक और स्थायी होता है। विभिन्न कारणों से व्याकरंबद्ध होकर

बोली भाषा बन जाती है। वह परिनिष्ठित रूप लेकर सर्वमान्य बन जाती है।

4. सर्जनात्मकभाषा

भाषा और साहित्य में घनिष्ठ सम्बन्ध होता है। विश्व के प्रत्येक साहित्य की निजी भाषा होती है। भाषा और साहित्य एक-दूसरे के पूरक होते हैं।जिन भाषाओं का मुख्यतः साहित्य-सृजन के लिए प्रयोग होता है,उन्हें सर्जनात्मक भाषा की संज्ञा दी जाती है। बोल-चाल में तो भाषा के अपरिष्कृत, अपरिमार्जित और अशुद्ध रूप का प्रयोग भी हो जाता है परंतु साहित्य-सृजन में व्याकरण सम्मत भाषा का होना अनिवार्य है। समय और परिवेश के अनुसार इन सृजनात्मक भाषाओं में परिवर्तन की गुंजाइश बनी रहती है। यगानुयुग विकास के विभिन्न सोपानों पर चढ़ती हुई भाषा गतिशील रहती है। उदाहरणार्थ हिंदी का आदिकालीन, मध्यकालीन एवं रीतिकालीन स्वरूप आज से बहुत भिन्न था। छायावाद में फिर भी आज का रूप नहीं दिखा परंतु प्रगतिवाद, नई कविता में आकर इसका स्वरूप शुद्ध सृजनात्मक बन गया। साहित्यिक भाषा के रूप में सृजनात्मक भाषा भूखंड, प्रान्त, प्रदेश तक सीमित नहीं रहता इसका स्वरूप व्यापक बन जाता है।

हिंदीभाषाकेरूप: -

1. मातृभाषा
2. माध्यम भाषा
3. राजभाषा
4. राष्ट्रभाषा
5. संपर्कभाषा
6. सचारभाषा
7. साहित्यिक भाषा

1. मातृभाषाः

मातृभाषा - जिस भाषा का प्रयोग वहाँ के रहने वाले के द्वारा किया जाता है अथवा जिस भाषा का प्रयोग घर में रहने वाले सदस्यों के द्वारा होता है, उसे मातृभाषा कहा जाता है। मातृभाषा का तात्पर्य उस भाषा से है जहाँ हमने जन्म ग्रहण किया है । हम अपने घर में जिस भाषा का प्रयोग करते हैं उसे मातृबाषा कहते हैं । भिन्न-भिन्न प्रान्तों एवं देशों की भाषाएँ अलग-अलग होती हैं। वहाँ पर प्रयुक्त भाषा ही उस प्रदेश की मातृभाषा होती है। उत्तर प्रदेश, मध्यप्रदेश, बिहार आदि राज्यों में हिंदी का प्रयोग होता है। अतः वहाँ की मातृभाषा हिंदी है। महाराष्ट्र

में मराठी, बंगाल में बंगाली, कर्नाटक में कन्नड़ और गुजरात में गुजराती है, क्योंकि वहाँ की मातृभाषा गुजराती है । अवधी, ब्रज, भोजपुरी, पूर्वी हिंदी, पश्चिमी हिंदी आदि हिंदी भाषा के भी कई रूप हैं । इन प्रदेशों के निवासियों की मातृभाषा है।

2. माध्यमभाषा:

जिस भाषा के द्वारा हम अपना कथन या बात व्यक्त कर सकते हैं, भाषा के उस रूप को माध्यम भाषा कहा जाता है । इसी भाषा के माध्यम से शिक्षा प्रदान की जाती है और शिक्षा में माध्यम भाषा है । शिक्षा प्रदान करनेवाली माध्यम भाषा हर देश, प्रंत अथवा प्रदेश में भिन्न-भिन्न रूप में हो सकती है । मध्यप्रदेश, राजस्थान, उत्तरप्रदेश आदि की भाषा हिन्दी है, कर्नाटक की भाषा कन्नड़ है और इंग्लैंड, जापान, चीन, रूस आदि में जिस भाषा के द्वारा हम अपना कथन या बात व्यक्त कर सकते हैं भाषा के उस रूप को माध्यम भाषा कहते हैं । क्रमशः अंग्रेजी, जापानी, चीनी, रूसी आदि शिक्षण के माध्यम हैं।

माध्यम भाषा को अनुवाद की भाषा भी कहते हैं। जो दो भिन्न-भाषी आपस में मिलते हैं तो दूसरे की अभिव्यक्ति समझने में बहुत कठिनाई होती है। ऐसी स्थिति में कोई दुभाषिया उनका माध्यम बनता है। वह दुभाषिया है और उसे दोनों भाषा का ज्ञाता होता है, तथा अनुवाद द्वारा एक-दूसरे के विचारों को अवगत कराता है। भारत के विभिन्न प्रान्तों में गुजराती, मलयालम, तेलगू, कन्नड़ आदि भाषाएँ बोली जाती हैं। इन्हें समझने के लिए माध्यम भाषा की जरूरत होती है।

3. राजभाषा:

हिंदी हमारे भारत की राजभाषा है। राजभाषा से तात्पर्य उस भाषा से है, जिसमें देश की केंद्र सरकार का कार्य व्यवहार होता हो। हमारे देश की केंद्र सरकार के सारे कार्य हिंदी और अंग्रेजी में होते हैं। क्योंकि अंग्रेजी एक विदेशी भाषा है, इसके लिए उसे राजभाषा घोषित नहीं किया जा सकता। जबकि हिंदी इस देश की ही भाषा है। केंद्र के केंद्र सरकार के अधिकतर कार्य हिंदी में ही किए जाते हैं। दूसरे गैर हिंदी भाषाओं से पत्र व्यवहार के रूप में के लिए अंग्रेजी भाषा का भी प्रयोग किया जाता है। लेकिन केंद्र सरकार के सभी संस्थानों कार्यालयों में हिंदी एक राजभाषा के रूप में प्रतिष्ठित है। इस दृष्टि से हिंदी भारत की राजभाषा अवश्य है। राजभाषा उसी देश अथवा प्रदेश का हो यह आवश्यक नहीं है। राजा अथवा शासक अपनी सुविधानुसार किसी भी भाषा अथवा विभाषा को राजभाषा के रूप में स्वीकृति दे सकता है, परंतु हिंदी भारत के अधिकांश लोगों द्वारा प्रयोग की जा रही है। अतः इसे राजभाषा का गौरव प्राप्त है। यह दुर्भाग्य की बात है कि स्वतंत्रता-प्राप्ति के

पश्चात भी अंग्रेजी, हिंदी को दबा रखी है।

राजभाषा शब्द अंग्रेजी के official language के लिए प्रयुक्त होता है । भारतीय संविधान में इसे परिभाषित किया गया है । अनुच्छेद 343 के अनुसार भारतीय संघ की राजभाषा देवनागरी लिपि में लिखी जाने वाली हिंदी है और अंकों का स्वरूप भारतीय अंकों का अंतरराष्ट्रीय स्वरूप होगा । देवनागरी अन्य भारतीय भाषाओं यथा मराठी,नेपाली आदि की भी लिपि है । इस प्रकार केंद्र सरकार के कार्यालयों, उपक्रमों, निकायों व संस्थाओं की कार्यालयी भाषा हिंदी है । जो राजभाषा के रूप में परिभाषित होती है ।

4. राष्ट्रभाषा:

किसी भी देश की राष्ट्रभाषा से तात्पर्य उस भाषा से है, जिसे उस देश के संविधान में राष्ट्रभाषा के रूप में घोषित किया हो। जो उस देश के प्रत्येक हिस्से में बोली जाती हो। जिसे देश का प्रत्येक व्यक्ति आसानी से समझता हो, बोलता हो, लिखता हो। जो देश की सभी आधिकारिक कार्यों में प्रयुक्त की जाती हो। जो देश की राष्ट्रभाषा के रूप में देश के संविधान द्वारा घोषित की गई हो। इस संदर्भ में हिंदी को राष्ट्रभाषा नहीं माना जा सकता, क्योंकि भारत के संविधान में हिंदी को राष्ट्रभाषा घोषित नहीं किया गया है।

भारत कई भाषाओं वाला बहुभाषी देश है। इस कारण हिंदी संपूर्ण भारत में नहीं बोली जाती। यही कुछ कारण थे कि हिंदी को राष्ट्रभाषा घोषित नहीं किया जा सका, क्योंकि अनेक गैर हिंदी भाषी राज्यों ने हिंदी को राष्ट्रभाषा के रूप में घोषित करने का विरोध किया था।

राष्ट्रभाषा से अभिप्राय: है किसी राष्ट्र की सर्वमान्य भाषा । यद्यपि हिंदी का व्यवहार संपूर्ण भारतवर्ष में होता है,लेकिन हिंदी भाषा को भारतीय संविधान में राष्ट्रभाषा नहीं कहा गया है । चूँकि भारतवर्ष सांस्कृतिक, भौगोलिक और भाषाई दृष्टि से विविधताओं का देश है । अंग्रेजों के शासन के कारण अंग्रेजी अघोषित रूप में यहाँ राष्ट्रभाषा बन गयी थी। अमेरिका एवं ऑस्ट्रेलिया में अंग्रेजों का शासन रहा। इन देशों की राष्ट्रभाषा अंग्रेजी है। राष्ट्रभाषा अपने ही देश की भाषा हो-ऐसी जरूरी नहीं माना जाता। 'हिंदी' को भारत की राष्ट्रभाषा संवैधानिक रूप में घोषित तो नहीं है, परंतु अंगेजी अभी भी साथ-साथ चल रही है।

इस राष्ट्र में किसी एक भाषा का बहुमत से सर्वमान्य होना निश्चित नहीं है । इसलिए भारतीय संविधान में देश की चुनिंदा भाषाओं को संविधान की आठवीं अनुसूची में रखा गया है । आरंभ में इनकी संख्या 16 थी, जो आज बढ़ कर 22 हो गई हैं । ये सब भाषाएँ भारत की अधिकृत भाषाएँ हैं, जिनमें भारत के देशीय प्रांतों

की सरकारों का काम होता है । भारत सरकार इन सभी भाषाओं के विकास के लिए संविधान अनुसार प्रतिबद्ध है ।

5. संपर्कभाषा:

देश में सबसे अधिक लोगों द्वारा बोली जानेवाली भाषा को संपर्क भाषा होती है। यह भाषा लोगों के बीच एक संपर्क का काम करती । इस दृष्टि से हिंदी संपर्क भाषा के रूप में विकसित हो रही है, क्योंकि देश का बहुत बड़ा भूभाग हिंदी भाषा बोलता है और जो हिंदीतर भाषी प्रदेश है वह भी हिंदी को समझते बोलते हैं। वहाँ पर हिंदी द्विवतीय भाषा के रूप में अच्छी-खासी प्रचलित है। दक्षिण भारत के कुछ राज्यों को छोड़ कर हिंदी पूरे भारत में सामान्य रूप से बोली समझी जाती है। इसलिए हिंदी धीरे-धीरे संपर्क भाषा के रूप में विकसित हो रही है और यही भारत की असली संपर्क भाषा है। अंग्रेजी भाषा हिंदी और गैर हिंदी भाषी राज्यों के बीच संपर्क का तो काम करती है लेकिन यह केवल उच्च शिक्षित लोगों और बड़े बड़े अधिकारियों के तक ही सीमित है आम जनमानस में अंग्रेजी भाषा उतनी उतनी लोकप्रिया नही।

संपर्क भाषा से अभिप्राय: है लोगों के आपसी संपर्क की भाषा । यह संपर्क जरूरी नहीं कि हिंदी-हिंदी भाषियों के बीच ही हो, बल्कि भारत देश के किसी भी प्रदेश में निवास करने वाले व्यक्ति के साथ संपर्क करने पर उससे संवाद की भाषा के रूप में व्यवहृत होने वाली भाषा से है । इस रूप में हिंदी धीरे-धीरे जगह बना रही है । इस तरह हिंदी देश को जोड़ने का काम करती है । लेकिन यह निर्विवाद नहीं है । यद्यपि हिंदी संपूर्ण भारत राष्ट्र में बोली जाती है ।

लोगों का एक वर्ग ऐसा भी है जो हिंदी को बोलने वालों की संख्या के आधार पर विश्व की प्रथम भाषा होने का दर्जा देता है । लेकिन अधिकारिक तौर पर हिंदी को यह दर्जा नहीं दिया जा सका है । यद्यपि विभिन्न सर्वेक्षणों में हिंदी विश्व की पाँच सबसे ज्यादा बोली जाने वाली भाषाओं में स्थान पाती रही है । संपर्क भाषा का ही विस्तृत रूप है अंतरराष्ट्रीय भाषा । अंतरराष्ट्रीय स्तर पर अंग्रेजी भाषा एक-दूसरे के संपर्क की भाषा बनकर उभरी है । भाषा के साथ कुछ ओर विशेषण भी लगे हैं ; जैसे राज्य भाषा, क्षेत्रीय भाषा, प्रादेशिक भाषा, प्रांतीय भाषा, जनजातीय भाषा । इन्हें भी हमें समझ लेना चाहिए । राज्य भाषा से अभिप्राय: है भारत के किसी राज्य द्वारा उस राज्य के शासन को चलाने के लिए विधान मंडल द्वारा स्वीकृत की गई भाषा, जिसमें उस राज्य का शासन चलता है । क्षेत्रीय भाषा से अभिप्राय: है किसी क्षेत्र विशेष में बोली जाने वाली भाषा । भारतीय राज्यों का वर्गीकरण क्षेत्रीय भाषाओं के अनुरूप ही किया गया था । प्रादेशिक या प्रांतीय भाषा किसी राज्य में

बोली जाने वाली किसी एक बड़ी भाषा की बोलियों या उपबोलियों को समाहित किए हुए है । किसी जनजाति विशेष में व्यवहित भाषा उस जनजाति विशेष की बोली या भाषा कहलाती है । जैसे छत्तीसगढ़ी ।

भारतीय संविधान में जिस राजभाषा की परिकल्पना की गई है, वह हिंदी है जो भारत की विभिन्न संस्कृतियों, बोलियों, उपबोलियों से शब्द-ग्रहण करते हुए विकसित हो । संविधान का अनुच्छेद 351 कहता है : "संघ का यह कर्तव्य होगा कि वह हिंदी भाषा का प्रसार बढ़ाए, उसका विकास करे, ताकि वह भारत की सामासिक संस्कृति के सभी तत्वों की अभिव्यक्ति का माध्यम बन सके और उसकी प्रकृति में हस्तक्षेप किए बिना हिंदुस्तानी के और आठवीं अनुसूची में विनिर्दिष्ट भारत की अन्य भाषाओं के प्रयुक्त रूप, शैली और पदों को आत्मसात् करते हुए और जहां आवश्यक हो वहां उसके शब्द-भंडार के लिए मुख्यतः संस्कृत से और गौणतः अन्य भाषाओं से शब्द ग्रहण करते हुए उसकी समृद्धि सुनिश्चित करे ।

6. संचारभाषाः

संदेश को फैलाना अथवा प्रसारण करना संचार का सामान्य अर्थ है । संचार भाषा का तात्पर्य है, सामाचार-पत्र, दूरदर्शन, रेडियो, दूरभाषा लंबी दूरी उपग्रह सेवाएं, टेलीप्रिंटर, टेलीग्राफ, अंतरिक्ष प्रसारण, इंटरनेट इत्यादि संचार क्षेत्र में प्रयुक्त होने वाली भाषा से है। कभी-कभी यह अंतरराष्ट्रीय भाषा भी कहलाती है। हिंदी की संचार भाषा का रूप साहित्यिक भाषा से पृथक हो सकता है। इसमें परिवर्तनशीलता होती है। इस भाषा का प्रयोग समाचार-पत्र, पत्रिकाओं, दूरदर्शन, आकाशवाणी, दूरभाष, टेलीप्रिंटर इत्यादि उपकरणों द्वारा किया जाता है। विदेशों में भी इसे आकाशवाणी एवं दूरदर्शन के माध्यम से सुना जाता है। अतः इसका क्षेत्र अत्यंत व्यापक होता है। जैसे - बी. बी. सी. (लन्दन) द्वारा हिंदी कार्यक्रगों का जो प्रसारण होता है, वह भारतीय संस्थाओं से कई दृष्टियों से भिन्न होता है। उच्चारण, व्याकरण नियमों आदि की दृष्टि उस देश के साहित्य आदि के प्रभावस्वरूप ही यह परिवर्तन आता है। 'बड़ा' को 'बरा' कह देना, 'शोर' को 'सोर' इत्यादि उदाहरणार्थ शब्द हैं।

7. साहित्यिकभाषाः

साहित्य में सृजन कार्य के लिए जिस भाषा का प्रयोग किया जाता है उसे साहित्यिक भाषा कहते हैं । यह बोलचाल की भाषा से सवर्था भिन्न होती है तथा परिनिष्ठित भाषा के निकट होती है। इसमें परिमार्जित शब्दों के प्रयोग होते हैं । बोल-चाल में अपरिष्कृत एवं अशुद्ध शब्दों के भी प्रयोग होते हैं। इसी साहित्यिक भाषा में साहित्यकार अपना सृजन कार्य करते हैं। साहित्यिक भाषा में

परिवर्तनशीलता संभव है। उदाहरणार्थ मध्यकालीन साहित्यिक भाषा का स्वरूप कुछ और था और द्विवेदीयुगीन भाषा स्वरूप कुछ अलग है। छायावादी युग तक अत्यंत शुद्ध, तत्सम-प्रधान एवं परिष्कृत हिंदी भाषा का प्रयोग होता रहा। प्रगतिवादी युग में आते-आते साहित्यिक भाषा में परिवर्तन होना आरंभ हुआ। लोकभाषा एवं उर्दू-फारसी के शब्दों का समावेश होने लगे । माना जाता है कि- प्रयोगवादी कवियों ने उसे शुद्ध संस्कृतनिष्ठ बनाये रखने का प्रयास किया परन्तु नई कविता में आकर उस साहित्यिक भाषा का कलेवर विकृत होता चला गया। अब इसमें अंग्रेजी के शब्द का भी धड़ल्ले से प्रयोग होने लगा। इस प्रकार साहित्यिक भाषा में समयानुसार परिवर्तनशीलता हुआ है तथा इसका क्षेत्र एक भूखण्ड तक सीमित होने की संभावना दिखाई नहीं देती ।

****

8

प्रशासनिक शब्द (Administrative Words)

परिभाषा :

जो शब्द किसी विशिष्ट ज्ञान के क्षेत्र में एक निश्चित अर्थ में प्रयुक्त होते हैं, उन्हें पारिभाषिक शब्द कहते हैं । किसी भी विषय की प्रशासनिक शब्दावली का अत्यंत महत्व होता है । प्रशासन, ज्ञान-विज्ञान की विभिन्न शाखाओं-उपशाखाओं की अपनी-अपनी विशिष्ट शब्दावली होती है । शास्त्र, विशिष्ट विषय अथवा सिद्धांत के संप्रेषण के लिए सामान्य शब्दों के स्थान पर विशिष्ट शब्दावली की आवश्यकता होती है । इसी शब्दावली को प्रशासनिक शब्दावली कहते हैं । कुछ विद्वान इन्हें तकनीकी शब्दावली भी कहते हैं ।

प्रशासन के कार्य में भाषा महत्वपूर्ण भूमिका निभाती है । प्रशासन में सारा कामकाज लिखा-पढ़ी से ही होता है । प्रशासन में लिपिक्त के स्तर से लेकर उच्च स्तर से उच्चतम अधिकारी के स्तर तक किसी मामले में जो भी कार्यवाही होती है यह टिप्पणी, सुझाव, प्रस्ताव, ज्ञापन आदि के रूप में होती है । टिप्पणी, प्रतिवेदन आदि प्रशासन में प्रयुक्त होनेवाले कार्यालयीन भाषा व्यवहार के विभिन्न रूप हैं । इसकी सबसे बड़ी विशेषता मामले के सही रूप में प्रस्तुत करने की क्षमता है । प्रशासनिक कार्यो में जो भाषा प्रयुक्त की जाती है, उसकी शब्दावली भी खास है ।

प्रशासनिक हिन्दी प्रयोजनमूलक हिन्दी का उपयुक्त एवं महत्वपूर्ण क्षेत्र है । प्रशासन के विभिन्न अंगों और उपांगों को जोड़ने में हिन्दी सक्षम सिद्ध हुई

है । केंद्र और राज्यों के कार्यलयों में शासन चलाने के लिए जो कार्यवाहियाँ की जाती हैं वे प्रशासनिक कार्यवाहियाँ होती हैं तथा इन कार्यवाहियों में जिस विशेष शब्दावली का बार-बार प्रयोग होता है और वह जो विशेष अर्थ देती है उस शब्दावली को प्रशासनिक शब्दावली कहते हैं । प्रशासनिक हिन्दी के प्रयोग के लिए हिन्दी के केवल कार्यसाधक ज्ञान का होना अनिवार्य है। हिन्दी के प्रशासनिक प्रयोग निम्नलिखित कार्यायलीन कामकाजों में होता है :-

1. मसौदा लेखन और टिप्पणी लेखन
2. पत्राचार के विभिन्न रूप जैसे-प्रारूपण, प्रतिवेदन, ज्ञापन।
3. संक्षेपण या सार लेखन ।
4. अनुवाद एवं अन्य कार्यालयीन कामकाज ।

केंद्र सरकार के निर्देश है कि कार्यालय पांडित्य प्रदर्शन के स्थान नहीं है अतएवं कठिन और दुरूह शब्दावली का प्रयोग नहीं किया जाना चाहिए। शब्दावली का मूल उद्देश्य संप्रेषण है, कार्यालयीन शब्दावली तैयार करते समय काम करनेवाले कर्मचारियों के प्रशासनिक शब्दावली के ज्ञान के स्तर का ध्यान सदैव रखा जाना चाहिए । हिन्दी की प्रशासनिक शब्दावली की कुछ विशेषताएँ-

•   आवश्यकता होने पर ही अंतर्राष्ट्रीय शब्दावली को ग्रहण किया जाना चाहिए ।
•   प्रशासनिक शब्दावली तैयार करने में संक्षिप्तता, स्पष्टता, सरलता का ध्यान रखना चाहिए ।
•   सारकारी कार्यों में केवल उन्हीं शब्दों को बहुतायत से प्रयोग में लाना चाहिए जो सामान्यतः समझे जाते हो ।
•   अन्य भाषाओं के आम शब्दों के प्रयोग में हिचकना नहीं चाहिए ।
•   अंग्रेजी भाषा में जो नाम प्रचलित है उनका कृत्रिम अनुवाद के बजाए उन्हें मूल रूप में देवनागरी में लिखना उचित होगा ।
•   प्रचलित पारिभाषिक शब्दों को अपनाया जाना चाहिए

हिन्दी की प्रशासनिक शब्दावली का अर्थ की दृष्टि से मूल स्रोत अंग्रेजी भाषा की प्रशासनिक शब्दावली ही है । रूपरचना की दृष्टि से हिन्दी की प्रशासनिक शब्दावली के निम्नलिखित प्रकार हैं:-

1. हिन्दी की प्रशासनिक शब्दावली का दूसरा प्रकार- अंग्रेजी और हिन्दी शब्दों का मिश्रित है जैसे:- Banking Service Recrutement Board -बैंकिंग सेवा भर्ती बोर्ड ।

2. अंग्रेजी भाषा के प्रशासनिक शब्दों का हिन्दी भाषा में पूर्वरूपांतर-

जैसे:- Increment - वेतन वृद्धि, Income Tax - आयकर ।

3. इसका तीसरा प्रकार –अंग्रेजी का पूरा मूल शब्द का पदबंध देवनागरी लिपि में लिखकर स्वीकार किया जाना । जैसे :- Station Master- स्टेशन मास्टर, Railway Board - रेलवे बोर्ड।

4. हिन्दी और उर्दू के मिश्रण से बने शब्दों को स्वीकार करना ।

जैसे:- At the rate of - दर से, Arrear Statement - बकाया विवरण ।

5. इसका चौथा रूप – उर्दू से आये प्रचलित शब्द स्वीकार करना ।

जैसे:- Cartographer - नक्शानवीस, Cash Recovery - नकद वसूली ।

6. हिन्दी के कुछ मूल शब्दों में उपसर्ग, प्रत्यय अथवा बदल देनेवाले अन्य शब्दों के योग से विविध प्रशासनिक शब्द बनाना ।

जैसे:- Officer का हिन्दी में अधिकारी बनाया जाना ।
प्रशासनिक शब्दावली:

1. Absence of duty- कर्तव्यार्थअनुपस्थिति
2. Aboliton of titles – उपाधियोंकाअंत
3. Accidentala Death-आकस्मिकमृत्यु
4. Accountant- लेखापाल
5. Appointing Authority- नियुक्तिप्राधिकारी
6. Achievement - सफलता
7. Acting Allowance- कार्यकारीभत्ता
8. Active Interest – क्रियात्मकअभिरुचि
9. Administrative affairs –प्रशासनिकमामले

10. Administrative decision- प्रशासनिकनिर्णय
11. Administrator- प्रबंधक
12. Advance Payment- अग्रिमभुगतान
13. Bank account- बैंकखाता
14. Board of studies- पाठ्यसमिति
15. Caliculate- हिसाबलगाना
16. Cash- नगदी
17. Cash book- रोकड
18. Chief secretary- मुख्यसचिव
19. Code of conduct- अचरणसंहिता
20. Convence a meeting- अधिवेशनबुलाना
21. Criminal law- दंडविधि
22. Daily allowance- दैनिकभत्ता
23. Department order- विभागीयआदेश
24. Deputy collector – उपकलेक्टर
25. Deputy Secretary- उपसचिव
26. Director General- महानिदेशक
27. Drafting- प्रारूपण
28. Enquiry – पूछ-ताछ
29. Employe – कामकरनेवाले
30. Endorsement – अनुलेखन
31. Establishment – स्थापना
32. Evidence – गवाही
33. Executive Committee- कार्यपालिकासमिति
34. Executive Council – कार्यपरिषद
35. False evidence –झूठासाक्ष्य
36. Foreign Agency – विदेशीअधिकरण
37. Fitness certificate- स्थापनाप्रमाणपत्र
38. Food Minister- खाद्यमंत्रि
39. Gazatted holiday – राजपत्रितछुट्टी
40. General instruction- साधारणआदेश
41. Government of India- भारतसरकार

42. Head of office – कार्यालयकाप्रबंधक
43. Identification – पहचान
44. Invigilator- परीक्षार्थीनिरीक्षक
45. Judicial proceeding – अदालतीकार्यवाही
46. Labour officer- श्रमअधिकारी
47. Leagal process- विधिकप्रक्रिया
48. Lieutenant Governor – उप-राज्यपाल
49. Managing Director- प्रबंधनिदेशक
50. National highway – राष्ट्रीयराजमार्ग

****

9

प्रतिवेदन (Report)

परिभाषा:

भूत अथवा वर्तमान की विशेष घटना, प्रसंग या विषय के प्रमुख कार्यों के क्रमबद्ध और संक्षिप्त विवरण को 'प्रतिवेदन' कहते हैं। वह लिखित सामग्री, जो किसी घटना, कार्य योजना, समारोह आदि के बारे में प्रत्यक्ष देखकर या छानबीन करके तैयार की गई हो, उसे प्रतिवेदन या रिपोर्ट कहते हैं। यह अतिसंक्षिप्त; किन्तु काफी सारगर्भित रचना होती है, जिसे पढ़कर या सुनकर उस घटना या अन्य कार्यवाई के बारे में वस्तुपरक जानकारी मिल जाती है। इससे किसी कार्य की स्थिति और प्रगति की सूचना मिलती है।

प्रतिवेदन अंग्रेजी के रिपोर्ट (Report) शब्द के अर्थ में प्रयुक्त होता है। समाचार पत्र के लिए किसी घटना अथवा दुर्घटना का विवरण रिपोर्ट या प्रतिवेदन है। किसी सामाजिक अथवा सांस्कृतिक कार्यक्रम के विवरण को भी प्रतिवेदन कहा जाता है। थाने में किसी दुर्घटना, अपराध या रिपोर्ट के लिए की जानेवाली शिकायत (जैसे चोरी आदि) को प्रतिवेदन कहते हैं। इन स्थितियों में प्रतिवेदन से विवरण, सूचना, समाचार अथवा शिकायत आदि अर्थ लिए जाते हैं। प्रतिवेदन का एक विशेष अर्थ भी है। किसी कार्य-योजना, परियोजना, समस्या आदि पर किसी उच्च अधिकारी द्वारा नियुक्त समिति प्रतिवेदन प्रस्तुत करती है जिसमें उस योजना या समस्या का विस्तृत ब्यौरा प्रस्तुत किया जाता है। यह विवरण गहन पूछताछ तथा छानबीन पर आधारित होता है। अच्छे प्रतिवेदन में घटना, समस्या आदि से सम्बद्ध तथ्यों का प्रामाणिक तथा निष्पक्ष विवरण होता है। संक्षिप्तता तथा स्पष्टता प्रतिवेदन के अनिवार्य गुण हैं।

प्रतिवेदन लिखने के लिए निम्नलिखित बातों पर विशेष ध्यान देना चाहिए-

(1) प्रतिवेदन संक्षिप्त हो।

(2) घटना या किसी कार्रवाई की मुख्य बातें प्रतिवेदन में अवश्य लिखी जानी चाहिए।

(3) इसकी भाषा सरल और शैली सुस्पष्ट हो।

(4) विवरण क्रमिक रूप से हो।

(5) पुनरुक्ति दोष नहीं हो यानी एक ही बात को बार-बार भिन्न-भिन्न रूपों में नहीं लिखना चाहिए।

(6) इसके लिए एक सटीक शीर्षक जरूर हो।

आदर्श प्रतिवेदन के कुछ नमूने-

मेले से संबंधित : प्रतिवेदन

भारत का सबसे बड़ा मेला सोनपुर में हर साल लगता है; इसे 'हरिहरक्षेत्र का मेला' कहते हैं। यह कार्तिक की पूर्णिमा के दो-तीन दिन पहले से पंद्रह-बीस दिनों तक गंडक और गंगा के संगम पर लगता है। पूर्णिमा के दिन यत्रियों की भारी भीड़ हरिहरनाथ के दर्शन के लिए होती है। इस वर्ष भी मंदिर के सामने दर्शनार्थियों की एक लंबी कतार थी। भीड़ इतनी अधिक थी कि एक लड़का कुचलकर मर गया। फिर भी, भीड़ अपनी जगह से हटी नहीं। हरिहरनाथ के दर्शन कर लोग सजी-सजायी दूकानों की ओर बढ़े। उनकी सजावट मनमोहक थी। देशभर के व्यापारी आये थे। आसपास के मकानों का किराया अधिक था। अलग-अलग स्थानों पर दूकानें लगायी गयी थीं। पशु-पक्षियों का जमाव एक स्थान पर था। हाथी, घोड़े, गाय, बैल इत्यादि की खरीदारी हुई। दूसरे स्थान पर साधु-संन्यासी अपनी-अपनी कुटी में धुनी रमाये थे। तीसरे स्थान पर सरकसवाले तरह-तरह के खेल-तमाशे दिखा रहे थे। रात में बिजली की रोशनी में सारा मेला जगमगा रहा था। सारा दृश्य मनमोहक था। पूर्णिमा के दूसरे दिन मैं घर लौट आया।

दिनांक 20-11-2020

सुरेश गौतम

'विद्यालय के वार्षिकोत्सव' पर प्रतिवेदन

17 अप्रैल, 2019 को हमारे विद्यालय में वार्षिकोत्सव मनाया गया। पूरे विद्यालय-भवन को दुल्हन की तरह सजाया गया। यों तो छोटे बच्चों का कार्यक्रम 2 बजे दिन से ही आरंभ हो चुका था; किन्तु मुख्य कार्यक्रम संध्या 5 बजे से शुरु हुआ। मुख्य अतिथि प्रो॰ वाल्मीकि बाबू ने अपने भाषण में इस विद्यालय की कार्यपद्धतियों की जोरदार सराहना की। प्राचार्य डॉ॰ अरविन्द कुमार ने 'शिक्षा के ध्येय' और 'अभिभावकों के कर्तव्यों' पर बड़ा ही प्रेरक भाषण किया। सभी

कक्षाओं के प्रथम एवं द्वितीय स्थानों पर आए बच्चों, विभिन्न खेलों में विजेता एवं उपविजेता टीमों और शिक्षकों को पुरस्कृत किया गया। रंगारंग कार्यक्रम हुए जिसमें शरद, मनीष, पूजा, शिम्पी, आरती, ऋचा, कोमल, निशांत आदि छात्र-छात्राओं को विशेष रूप से सम्मानित किया गया। लगभग 10 दिन तक पूरे क्षेत्र में इस वार्षिकोत्सव की चर्चा होती रही।

साहित्यिक संस्था 'ज्ञान-प्रसार समिति' द्वारा आयोजित दिनकर जयन्ती पर प्रतिवेदन

इस साल पूरे देश में राष्ट्र कवि दिनकर की जन्म-शताब्दी मनाई गई। पाटलिपुत्र की एक साहित्यिक संस्था 'ज्ञान-प्रसार समिति' ने रवीन्द्र-भवन में राष्ट्रकवि दिनकर की जन्म-शताब्दी मनाई। इस समारोह की अध्यक्षता युवा कवि आदित्य कमल ने की। मुख्य अतिथि के रूप में हिन्दी साहित्य के प्रसिद्ध आलोचक डॉ० नामवर सिंह थे। अपने वक्तव्य में सभापति आदित्य कमल ने डॉ० दिनकर के साहित्यिक योगदान को समाज की अमूल्य निधि-बताते हुए कहा- "राष्ट्रकवि दिनकर की वाणी राष्ट्र की वाणी थी। वे आम जनता के कवि थे। उन्होंने अपने समय के प्रायः सभी मिथकों को तोड़ा।" इस अवसर पर श्री दीपक चौथरी, श्री अंजनि कुमार, श्री सुशील कुमार-जैसे सशक्त बुद्धिजीवी उपस्थिति थे। अन्त में 'ज्ञान-प्रसार समिति' के सचिव श्री जय प्रकाश 'ललन' ने धन्यवाद ज्ञापन किया।

****

10
विज्ञापन लेखन
(Advertisement Writing)

परिभाषा:

सामान्य रूप से विज्ञापन शब्द का अर्थ है 'ज्ञापन कराना' या 'सूचना देना'। 'विज्ञापन' शब्द 'वि+ज्ञापन' से मिलकर बना है। इसका तात्पर्य है:– विशेष रूप से सूचित करना या बताना, या विशेष ढंग से अपनी वस्तु की खबर देना या प्रचार करना है। विज्ञापन अंग्रेजी शब्द 'एडवरटाइजिंग' का हिंदी पर्याय है, इसे 'सार्वजनकि सूचना की घोषणा' भी कहा जाता है। क्योंकि यह ऐसी सूचना होती है, जो जन-साधारण के हितों से जुड़ी हुई होती है।

विज्ञापन का वास्तविक उद्देश्य दूसरों को अपनी सेवा या वस्तु खरीदने के लिए प्रेरित करना या विवश कर देना। विज्ञापन ऐसी कला है, जिसके द्वारा थोड़े-से स्थान एवं कम शब्दों में आवश्यक बातें आकर्षक ढंग से दी जाती हैं। इसका उद्देश्य सर्वसाधारण को सूचित करना होता है। इसके द्वारा क्रय-विक्रय, आवश्यकता, किसी गुम या प्राप्त वस्तु, किराए के लिए दातव्य या प्राप्तव्य मकान, रिक्त स्थान या रिक्त पद आदि की सूचना दी जाती है। विज्ञापन में प्रतिशब्द या प्रति पंक्ति पैसे देने पड़ते हैं, इसलिए यह संक्षिप्त, परन्तु आकर्षक होना चाहिए। विज्ञापन उन समस्त गतिविधियों का नाम है, जिनका उद्देश्य किसी विचार, वस्तु या सेवा के विषय में जानकारी प्रसारित करना है और इससे विज्ञापनकर्ता का उद्देश्य ग्राहक को अपनी इच्छा के अनुकूल बनाना है।

किसी नए उत्पाद के विषय में जानकारी देने, इसकी विशेषताएँ व प्राप्ति स्थान आदि बताने के लिए विज्ञापन की आवश्यकता पड़ती है। एक ही उत्पाद के क्षेत्र में असंख्य प्रतियोगी आ गए है। यदि विज्ञापन का सहारा न लिया जाए, तो सामान्य जनता तक अपने उत्पाद की जानकारी दी ही नहीं जा सकेगी। आज विज्ञापनों के माध्यम से किसी उत्पाद के बाजार में आने से पहले ही उसके विषय में उपभोक्ताओं के अंदर जिज्ञासा उत्पन्न कर दी जाती है। इस प्रकार विज्ञापन, आधुनिक युग का विशेषकर औद्योगिक संस्कृति का अभिन्न तत्व हो गया है। विज्ञापन विक्रय-व्यवस्था में वस्तु का परिचय कराने, उसकी विशेषताएँ तथा लाभ बताने का काम करके ग्राहक को आकृष्ट करने में उपयोगी भूमिका निभाता है ।

विज्ञापन केउद्देश्य:

(1) तात्कालिकबिक्री- तात्कालिक रूप से अपने उत्पादों की बिक्री करना भी कंपनियों का महत्त्वपूर्ण कार्य होता हैं।

(2) उत्पादसेलोगोंकोपरिचितकराना- अपने उत्पाद से परिचित कराने, उसके प्रति उत्सुकता जागृत करने, खरीदने की इच्छा जगाने आदि संबंधी कार्य भी महत्त्वपूर्ण है।

(3) बिक्रीकेलिएप्रेरितकरना- कंपनियों का कार्य केवल उत्पाद करना ही नहीं होता, बल्कि उस उत्पाद की बिक्री करना और बिक्री बढ़ाना भी होता है।

विज्ञापनके प्रकार -

(1) मौखिकविज्ञापन- व्यक्तिगत प्रचार, रेडियों, आकाशवाणी आदि के माध्यम से किए जाते हैं। इसके अंतर्गत उत्पाद के बारे में जानकारी केवल बोलकर ही दी जाती है।

(2) दृश्य-श्रव्यविज्ञापन- के अंतर्गत प्रायः दूरदर्शन द्वारा दिए गए विज्ञापन आते हैं। इन विज्ञापनों में उत्पाद के बारे में जानकारी चलचित्रों के द्वारा अत्यंत आकर्षक ढंग से उपभोक्ताओं तक पहुँचाई जाती है। इस माध्यम की पहुँच सबसे अधिक व्यापक है।

(3)लिखितविज्ञापन- प्रायः पत्र-पत्रिकाओं, समाचार-पत्रों में प्रकाशित होते हैं। लिखित विज्ञापन में उत्पाद के बारे में जानकारी लिखकर दी जाती है। लिखित विज्ञापन को डिजाइनों, रंगों, स्लोगनों आदि के प्रयोग से प्रभावी तथा आकर्षक बनाया जाता है।

विज्ञाप के कुछनमूने:-

(1) रिक्तस्थानकेलिएविज्ञापनः

संत माइकल स्कूल, दीघा रोड, पटना के लिए गणित, हिन्दी एवं कम्प्यूटर शिक्षकों की आवश्यकता है। योग्यता कम-से-कम ऑनर्स द्वितीय श्रेणी तथा दो वर्षों का अनुभव होना चाहिए। प्रशिक्षितों को प्राथमिकता/वेतनमान आकर्षक/ प्राचार्य के पास 1 अप्रैल, 2017 तक प्रार्थना-पत्र भेजें।

(2) ट्यूशनकेलिएविज्ञापनः

प्रथम श्रेणी अंग्रेजी एम० ए०, मैट्रिक से इंटरमीडिएट तक अंग्रेजी एवं गणित पढ़नेवाले ट्यूशन-इच्छुक छात्र-छात्रा इस पते पर सम्पर्क करें- विश्वनाथन, 30, टैगोर रोड, कोलकाता।

(2)   विद्यालयकीओरसेछात्र-छात्राओं, शिक्षकोंएवंशिक्षकेतरकर्मचारियोंकोदीगईसूचना।

सूचना- 10 मई, 2017

सभी छात्र-छात्राओं, शिक्षक-शिक्षिकाओं एवं शिक्षकेतर कर्मचारियों को सूचित किया जाता है कि दिनांक 1 जून, 2017 से 30 जून, 2017 तक ग्रीष्मावकाश रहेगा। पुनः दिनांक 1 जुलाई, 2017 से पठन-पाठन का कार्यक्रम पूर्ववत् चलेगा।

(4) क्रिकेटमैचकीसूचना-

सर्वसामान्य को सूचित किया जाता है कि दिनांक 24 फरवरी, 2017 को 9 बजे से रेनबो स्टेडियम में पटना और नालन्दा क्रिकेट टीमों के बीच प्रतियोगिता होगी, जिसमें मुख्य अतिथि सचिन तेंदुलकर और विशिष्ट अतिथि महेन्द्र सिंह धोनी होंगे। क्रिकेट-प्रेमियों से निवेदन है कि वे अधिक-से-अधिक संख्या में भाग लेकर इस क्रिकेट-प्रतियोगिता का आनंद लें। इस प्रदर्शन के लिए 25, 40 और 50 रुपये प्रति व्यक्ति टिकट निश्चित किया गया है।

20 फरवरी, 2017

.....................................सौरभ कुमार

.....................................सचिव, जिला क्रिकेट एसोशियेसन

.....................................पटना

(5) वेतन-प्राप्तिपरप्राप्ति-पत्र-

आज दिनांक 1 मार्च, 2017 को टाटा पाईप प्राइवेट लिमिटेड कम्पनी से फरवरी, 2017 का वेतन 11,500/रु. (ग्यारह हजार पाँच सौ रुपये) प्राप्त किए, तदर्थ धन्यवाद!

01. 03. 17

.....................................रघुवीर सिंह

.....................................फीटर

(6) वस्तु-विक्रयपरप्राप्ति-पत्र-

आज बी. आर. 1 वाई-4583 हीरो होंडा सी. डी. डाउन बाइक जो देखने में नई-सी प्रतीत होती है; श्री रंजीत खाँ सुपुत्र श्री भोला खाँ को बेचकर उसका तय मूल्य पन्द्रह हजार एक रुपये प्राप्त किया, धन्यवाद !

साक्षी- हस्ताक्षर.......................... हस्ताक्षर

जयशंकर वर्मा.......................... उमेश कुमार शर्मा

सुपुत्र श्री हरिनारायण वर्मा ....विष्णुपुरा मोहल्ला

5/7 विष्णुपुरी, जगदीशपुर.......................जगदीशपुर

27 जनवरी, 2017 ....27 जनवरी, 2017

दवाकंपनीकी 20% रियायतकेऑफरकाएकविज्ञापन-

उत्तर– फार्मईजी ऐप डाउनलोड करें और पाएं

फ्लैट 20% ऑफ

सभी दवाओं पर।

+एक्स्ट्रा 10% mobikwik सुपरकैश

अधिकतम 75 सुपरकॉश।

प्रति उपयोगकर्ता को एक बार लागू।

6 घंटे में दवा डिलीवरी का भरोसा

ऐप डाउनलोड करने के लिए मिस्ड कॉल दे : 999666----

******

11

साक्षात्कार (Interview)

परिभाषाः

साक्षात्कार का तात्पर्य उस विधि से है जिसमें साक्षात्कारकर्ता सम्बन्धित लोगों से व्यक्तिगत रूप से मिलकर और उनसे प्रश्न पूंछकर एवं उनसे उत्तर प्राप्त करके किसी विषय पर वास्तविक जानकारी प्राप्त करने का प्रयत्न करते हैं। इस प्रणाली में आपसी बातचीत एवं आमने-सामने के सम्बन्ध के आधार पर मनुष्यों की भावनाओं, मनोवृत्तियों मूल्यों आदि के बारे में बहुत कुछ ज्ञात किया जाता है। इसी कारण सामाजिक अनुसंधान में इस पद्धति का निरन्तर महत्व बढ़ता जा रहा है। साक्षात्कार एक निश्चित उद्देश्य की पूर्ति के लिए आयोजित विचारों का आदान-प्रदान है। साक्षात्कार चयन का प्रमुख साधन है। साक्षात्कार की तकनीक मे साक्षात्कार लेने वाला तथा आवेदक आमने-सामने बैठकर मौखिक विचार-विमर्श करते है। साक्षात्कार मे अनुसंधानकर्ता और सूचनादाता के बीच आमने-सामने के संबंध प्रत्यक्ष रूप से स्थापित होते है। इस पद्धति के द्वारा अनुसंधान के लिए अनुसंधानकर्ता और सूचनादाता के बीच व्यक्तिगत सम्पर्क का होना अनिवार्य हैं। साक्षात्कार सामाजिक अनुसंधान की एक पद्धति है। साक्षात्कार पद्धति द्वारा सामाजिक जीवन और सामाजिक घटनाओं के बारे मे जानकारी प्राप्त की जाती है।

साक्षात्कारकीविशेषताएँ :

1. **दोयादोसेअधिकव्यक्ति** (Two or more persons) – इसमें दो या दो से अधिक व्यक्ति आमने-सामने होकर बातचीत संवाद या उत्तर प्रति उत्तर में भाग लेते हैं।

2. प्राथमिकसम्बन्ध (Primary relation) – आमने-सामने के प्राथमिक सम्बन्धों द्वारा ही साक्षात्कार में भाग लिया जाता है।

3. विशिष्टविषय (Specific topic) – साक्षात्कार की प्रक्रिया में किसी विशिष्ट विषय पर बातचीत या वार्तालाप द्वारा जानकारी हासिल की जाती है।

4. सामग्रीसंकलन (Collection of Data) – इस पद्धति की अन्तिम विशेषता सामाजिक अनुसंधान के लिए सामग्री का संकलन करना होता है।

साक्षात्कारकेउद्देश्य

1. व्यक्तिगतसूचनाएँ –

साक्षात्कार प्रणाली में व्यक्तिगत सम्पर्क स्थापित किये जाते हैं। और एक दूसरे के विचारों और भावनाओं में प्रवेश कराने का प्रयास किया जाता है। इस प्रकार इस प्रणाली के माध्यम से सरलता और सुविधा के साथ व्यक्तिगत सूचनायें एकत्रित की जा सकती है।

2. प्रत्यक्षसम्पर्क –

इसका दूसरा उद्देश्य सूचनादाता और अनुसंधानकर्ता के बीच आमने- सामने के प्रत्यक्ष, घनिष्ठ और व्यक्तिगत सम्बन्ध स्थापित करना है ताकि अधिक विश्वसनीय सूचनायें प्राप्त की जा सकें।

3. अवलोकनसंभव –

साक्षात्कारी प्रणाली में अनुसंधानकर्ता सम्पर्क स्थापित करने के लिए क्षेत्र में आता है। इस प्रकार सामाजिक घटनाओं का अवलोकन भी आसानी से कर सकता है।

4. समस्याओंकेविभिन्नपहलुओंकीजानकारी –

इस प्रणाली में सामाजिक अनुसंधानकर्ता किसी सामाजिक समस्या के बारे में अनेक प्रकार के व्यक्तियों से संपर्क स्थापित करता है और खुलकर बातचीत करता है, इससे उस सामाजिक समस्या के विभिन्न पहलुओं के बारे में अधिक जानकारी प्राप्त की जा सकती है।

5. उपकल्पनानिर्माण –

साक्षात्कार के द्वारा सामाजिक जीवन, सामाजिक घटनाओं और सामाजिक समस्याओं के बारे में विविध प्रकार की जानकारी प्राप्त होती है। इन सूचनाओं के आधार पर सामाजिक अनुसंधान के लिए नवीन उपकल्पनाओं के निर्माण में सहायता मिलती है।

साक्षात्कारकेप्रकार

1. औपचारिकसाक्षात्कार

इस साक्षात्कार मे अनुसंधानकर्ता सूचनादाता से मात्र औपचारिक संबंध स्थापित करके सिर्फ वे ही प्रश्न पूछता है, जो अनुसूची मे उल्लिखित रहते हैं। अनुसूची से बाहर वह किसी भी प्रकार के प्रश्न नही पूछता है। इसमें अनुसंधानकर्ता अनुसूची से नियंत्रण रहता है। उसको अनुसूची के प्रश्न, भाषा आदि के परिवर्तन मे किसी प्रकार की स्वतंत्रता नही रहती हैं।

2. अनौपचारिकसाक्षात्कार

यह साक्षात्कार मात्र अनौपचारिक से निर्वाह के लिए ही नही किया जाता हैं। इसमे अनुसन्धानकर्ता पर किसी भी प्रकार का नियंत्रण नही रहता हैं। वह अपनी इच्छा के अनुसार अनुसंधान के प्रश्नों के क्रमों मे संशोधन और परिवर्तन कर सकता हैं। इसके साथ ही वह सूचनादाताओं से नए प्रश्न पूछ सकता है।

3. व्यक्तिगतसाक्षात्कार

इस प्रकार के साक्षात्कार मे केवल दो ही व्यक्ति होते हैं। एक साक्षात्कारकर्ता तथा दूसरा साक्षात्कारदाता। इसमे साक्षात्कारकर्ता प्रश्न पूछता जाता है तथा साक्षात्कारदाता प्रश्न का उत्तर देता जाता हैं।

4. सामूहिकसाक्षात्कार

इस प्रकार के साक्षात्कार में दो या दो से अधिक साक्षात्कारकर्ता और अनेक साक्षात्कारदाताओं से समस्या से सम्बंधित सूचना एकत्रित करने का प्रयास करता है। कभी-कभी यह साक्षात्कार वाद-विवाद की सभा का रूप लेता है।

5. पुनरावृत्तिसाक्षात्कार

इस प्रकार के साक्षात्कार मे अनुसंधानकर्ता एक से अधिक बार साक्षात्कार करके सूचनादाता से सूचना संकलित करता है। इसका प्रयोग परिवर्तन का अध्ययन करने तथा सामाजिक तथा मनोवैज्ञानिक प्रक्रियाओं पर प्रभाव जानने हेतु होता हैं।

6. अनिर्देशितसाक्षात्कार

यह अनौपचारिक, अनियन्त्रित तथा संचालित साक्षात्कार के समान होता हैं। इसमें साक्षात्कारकर्ता किसी पूर्व-निर्मित अनुसूची के अनुसार प्रश्न न करके अपनी इच्छा से प्रश्न करता है और साक्षात्कारदाता के समक्ष किसी समस्या को रख देता है। साक्षात्कारदाता जो विवरण, कहानी या वृतान्त प्रस्तुत करता है उसी के तथ्य संकलित होते हैं।

7. केन्द्रीयसाक्षात्कार

इस प्रकार के साक्षात्कार का प्रयोग प्रायः किसी सामाजिक घटना, परिस्थितियों, फिल्म, रेडियो या दूरदर्शन कार्यक्रम का सूचनादाताओं पर पड़ने

वाले प्रभाव का अध्ययन करने हेतु किया जाता हैं।

8. अनुसंधानसाक्षात्कार

इस प्रकार के साक्षात्कार का उद्देश्य नवीन ज्ञान की खोज से संबंधित है। यह नवीन ज्ञान सामाजिक समस्याओं और सामाजिक घटनाओं से सम्बंधित होता है।

9. कारक-परीक्षकसाक्षात्कार

समाज मे विविध प्रकार की घटनाएं घटित होती रहती हैं। इन घटनाओं के घटित होने के कुछ विशेष कारक या तत्व हैं। इस प्रकार के साक्षात्कार मे इन्हीं कारकों की खोज की जाती है।

10. प्रत्यक्षसाक्षात्कार

सामान्यतः साक्षात्कार प्रत्यक्ष ही होता है। इसे अनुसंधानकर्ता को काल्पनिक रूप से सूचनादाता के आन्तरिक जीवन मे प्रवेश के रूप मे देखा गया है।

****

12

संवाद लेखन (Dialogue Writing)

परिभाषा:

दो या दो से अधिक व्यक्तियों के बीच होने वाले वार्तालाप को लिखित रूप में प्रस्तुत करने की प्रक्रिया को संवाद लेखन कहा जाता है। संवाद काल्पनिक भी हो सकता है और वास्तविक भी हो सकता है। भाषा कई तरह की होती है बोलने वाले के अनुसार थोड़ी-थोड़ी भिन्न होती है। दो व्यक्तियों की बातचीत को 'वार्तालाप' अथवा 'संभाषण' अथवा 'संवाद' कहते हैं।

जो संवाद जितना सजीव, सामाजिक और रोचक होगा, वह उतना ही अधिक आकर्षक होगा। उसके प्रति लोगों का खिंचाव रहता है। वार्तालाप में व्यक्ति के स्वभाव के अनुसार उसकी अच्छी-बुरी सभी बातों को स्थान दिया जाता है। इससे छात्रों में तर्क करने की शक्ति उत्पन्न होती है। नाटकों में वार्तालाप का उपयोग सबसे अधिक होता है। इसमें रोचकता, प्रवाह और स्वाभाविकता की आवश्यकता होती है। व्यक्ति, वातावरण और स्थान के अनुसार भाषा हर तरह से सरल होना चाहिए। वार्तालाप संक्षिप्त और मुहावरेदार भी होना चाहिए।

भाषा, बोलनेवालों के अनुसार थोड़ी-थोड़ी भिन्न होती है। उदाहरण के रूप में एक अध्यापक की भाषा छात्र की अपेक्षा ज्यादा संतुलित और सारगर्भित होती है। एक पुलिस अधिकारी की भाषा और अपराधी की भाषा में काफी अन्तर होगा। इसी तरह दो मित्रों या महिलाओं की भाषा कुछ भिन्न प्रकार की होगी। दो व्यक्ति, जो एक-दूसरे के शत्रु हैं तो भाषा अलग होगी। संवाद-लेखन में पात्रों के लिंग, उम्र, कार्य, स्थिति अनुसार भाषा का प्रयोग होना चाहिए।

संवाद-लेखन की विशेषताएँ:

1. संवाद सरल भाषा में लिखा होना चाहिए। इनकी भाषा सरल, स्वाभाविक और बोलचाल के निकट हो। उसमें क्लिष्ट तथा अप्रचलित शब्दों का प्रयोग न हो।

2. संवाद का आरम्भ और अन्त रोचक हो।प्रसंग के अनुसार संवादों में व्यंग्य-विनोद का समावेश होना चाहिए। यथास्थान मुहावरों तथा लोकोक्तियों के प्रयोग से संवादों में सजीवता आ जाती है।

3. संवाद में प्रवाह, क्रम और तर्कसम्मत विचार होना चाहिए।

4. संवाद में जीवन की जितनी अधिक स्वाभाविकता होगी, वह उतना ही अधिक सजीव, रोचक और मनोरंजक होगा।

5. संवाद देश, काल, व्यक्ति और विषय के अनुसार लिखा होना चाहिए।

6. संवाद पात्रों की सामाजिक स्थिति के अनुकूल हों। अनपढ़ या ग्रामीण पात्रों और शिक्षित पात्रों के संवादों में अंतर रहना चाहिए।

संवादके कुछ उदाहरण-

1. <u>गिरीश और रामू काका के बीच का संवाद</u>

गिरीश - यह पिल्ला कब पाला, अँगनू काका ?

रामू काका- अरे भैया, मैंने काहे को पाला। यहाँ अपने ही पेट का ठिकाना नहीं। रात में न जाने कहाँ से आ गया!

गिरीश - तुम इसे पाल लो, काका।

रामू काका- भैया की बातें !इसे पालकर करेंगे क्या ?

गिरीश - तुम्हारी कोठरी ताका करेगा।

रामू काका- कोठरी में कौन खजाना गड़ा है, जो ताकेगा।
****

2. <u>रोगी और डाक्टर के बीच संवाद</u>

रोगी-(औषधालय में प्रवेश करते हुए) वैद्यजी, नमस्कार!

वैद्य- नमस्कार! आइए, पधारिए! कहिए, क्या हाल है ?

रोगी- पहले से बहुत अच्छा हूँ। बुखार उतर गया है, केवल खाँसी रह गयी है।

वैद्य- घबराइए नहीं। खाँसी भी दूर हो जायेगी। आज दूसरी दवा देता हूँ। आप जल्द अच्छे हो जायेंगे।

रोगी- आप ठीक कहते हैं। शरीर दुबला हो गया है। चला भी नहीं जाता और बिछावन पर पड़े-पड़े तंग आ गया हूँ।

वैद्य- चिंता की कोई बात नहीं। सुख-दुःख तो लगे ही रहते हैं। कुछ दिन और आराम कीजिए। सब ठीक हो जायेगा।

रोगी- कृपया खाने को बतायें। अब तो थोड़ी-थोड़ी भूख भी लगती है।

वैद्य- फल खूब खाइए। जरा खट्टे फलों से परहेज रखिए, इनसे खाँसी बढ़ जाती है। दूध, खिचड़ी और मूँग की दाल आप खा सकते हैं।

रोगी- बहुत अच्छा! आजकल गर्मी का मौसम है; प्यास बहुत लगती है। क्या शरबत पी सकता हूँ ?

वैद्य- शरबत के स्थान पर दूध अच्छा रहेगा। पानी भी आपको अधिक पीना चाहिए।

रोगी- अच्छा, धन्यवाद! कल फिर आऊँगा।

वैद्य- अच्छा, नमस्कार।

****

3. <u>स्वराज और दुकानदार के बीच का संवाद-</u>

स्वराज - यह चिमटा कितने का है ?

दुकानदार- यह तुम्हारे काम का नहीं है जी।

स्वराज - बिकाऊ है कि नहीं ?

दुकानदार- बिकाऊ नहीं है और यहाँ क्यों लाद लाये है ?

स्वराज - तो बताते क्यों नहीं, कै पैसे का है ?

दुकानदार- छे पैसे लगेंगे।

स्वराज - ठीक बताओ।

दुकानदार- ठीक-ठीक पाँच पैसे लगेंगे, लेना हो तो लो, नहीं तो चलते बनो।

स्वराज - तीन पैसे लोगे ?

****

4. <u>माँ और बेटे बीच का संवाद</u>

माँ- आज कालेज से आने में काफी देर लगा दी....... ।

बेटा- हाँ माँ, आज विश्व पर्यावरण-दिवस जो था।

माँ- तो क्या कोई विशेष कार्यक्रम था तेरे कालेज में ?

बेटा- हाँ माँ, आज हमारे स्कूल में 'तरुमित्रा' के फादर आए हुए थे।

माँ- तब तो जरूर उन्होंने पेड़-पौधों के बारे में विशेष जानकारी दी होगी।

बेटा- हाँ, उन्होंने जानकारी भी दी और हम छात्रों के हाथों पौधे भी लगवाए।

माँ- तुमने कौन-सा पौधा लगाया ?

बेटा- मैंने अर्जुन का पौधा लगाया, माँ।

माँ- बहुत खूब।

बेटा- जानती हो माँ, शिक्षक बता रहे थे कि यह पौधा हृदय-रोग में काम आता है।

माँ- वह कैसे ?

बेटा- इसकी छाल और पत्ते से हृदय-रोग की दवा बनती है।

****

माँ- बहुत खूब।

बेटा- जानती हो माँ, शिक्षक बता रहे थे कि यह पौधा हृदय-रोग में काम आता है।

माँ- वह कैसे ?

बेटा- इसकी छाल और पत्ते से हृदय-रोग की दवा बनती है।

13

संचार माध्यम और हिन्दी

परिभाषा:

संचार जीवन का प्रतीक है। अदमी के जिंदा रहने तक संचार प्रक्रिया निरंतर प्रवाहित होती है। मनुष्य एक सामाजिक प्राणी है और उसे सामाजिक प्राणी के रूप में विकसित करने में उसकी संचार क्षमता की सबसे बड़ी भूमिका होती है। यहाँ तक कि एक बच्चे भी संचार के बिना नहीं रह सकते । वे रोकर या चिल्लाकर अपनी माँ का ध्यान अपनी ओर खींचते हैं। संचार समाप्त होने का मतलब मृत्यु को प्राप्त करना होता है । प्रकृति में सभी जीव संचार करते हैं लेकिन मनुष्य की संचार करने की क्षमता और कौशल सबसे बेहतर हैं।

संदेशों के आदान-प्रदान में लगनेवाले समग्र और दूरी को पाटने के लिए ही मनुष्य ने संचार के माध्यमों की खोज की। परिवार और समाज में एक व्यक्ति के रूप में हम अन्य लोगों में संचार के माध्यम से ही संबंध स्थापित करते हैं और रोज़मर्रा की ज़रूरतें पूरी करते हैं। संचार ही हमें एक-दूसरे से जोड़ता है। सभ्यता के विकास की कहानी संचार और उसके साधनों के विकास की कहानी है। मनुष्य ने चाहे भाषा का विकास किया हो या लिपि का या फिर छपाई का, इसके पीछे मूल इच्छा संदेशों के आदान-प्रदान की ही थी।

संचार और जनसंचार के विभिन्न माध्यमों-टेलीफ़ोन, इंटरनेट, फ़ैक्स, समाचारपत्र, रेडियो, टेलीविज़न और सिनेमा आदि के द्वारा मनुष्य संदेशों के आदान-प्रदान में एक-दूसरे के बीच की दूरी और समय को निरंतर कम करने का प्रयास कर रहा है। इस वजह से आज संचार माध्यमों के विकास से भौगोलिक

दूरियाँ कम हुई हैं तथा सांस्कृतिक और मानसिक दृष्टि से हम एक-दूसरे के करीब आ रहे हैं। भूमंडलीकरण के इस दौर में आज दुनिया एक गाँव में बदल गई है और इसका श्रेय संचार माध्यम को जाता है ।

पुराने समय में राजा के हरकारे पैदल या घोड़े की सवारी करते हुए राजा के संदेश एक राजधानी से दूसरी जगहों तक ले जाते थे और वहाँ से लेकर आते थे। यह भी कई कहानियों में सुना होगा कि लोग कबूतरों के जरिए अपना संदेश भेजा करते थे। यही व्यवस्था बाद में एक सरकारी विभाग डाक-विभाग-बनाकर सबके लिए सुलभ कर दी गई थी। अब हर कोई एक निश्चित शुल्क देकर अपना संदेश एक स्थान से दूसरे स्थान तक आसानी से भेज सकता है। अब तो डाक व्यवस्था में इतने आधुनिक उपकरणों का इस्तेमाल किया जाने लगा है संदेश तार के जरिए पलक झपकते एक स्थान से दूसरे स्थान तक पहुंचा दिया जाता है।

तार जिस मशीन से भेजा जाता है उसका ही विकसित रूप टेलीप्रिंटर कहा जाता है। इसके अलावा फैक्स, <u>ई-मेल</u> के जरिए पलक झपकते सूचनाओं का आदान-प्रदान किया जा सकता है। इन उपकरणों के आ जाने से सिर्फ डाक प्रणाली में नहीं बल्कि संचार माध्यमों को सूचनाएं इकट्ठी करने और प्रसारित करने में भी काफी सुविधा हुई है। इन उपकरणों के बारे में हम पहले पढ़ चुके है।

<u>संचार</u> का मात्र व्यक्ति का अपना हाल-समाचार दूसरों तक पहुंचाने तक सीमित नहीं है। हर व्यक्ति अपने या अपने संबंधियों की सूचनाएं जानने के अलावा देश-दुनिया की खबरों के बारे में जानने का इच्छुक होता है। उसके आस-पास क्या हो रहा है, दुनिया में कहों क्या घटना घट रही है, सबकी जानकारी प्राप्त करना चाहता है। सूचनाओं की इसी भूख के चलते संचार माध्यमों का लगातार विकास और विस्तार होता गया। आज अमेरिका में राष्ट्रपति का चुनाव होता है या ईराक में लड़ाई छिड़ती है तो हर किसी की निगाह उस ओर लगी रहती है कि वहां क्या हो रहा होता है। वह हर पल की खबरें जानना चाहता है।

यह संचार की प्रक्रिया का दूसरा चरण है। सफल संचार के लिए यह ज़रूरी है कि दूसरा व्यक्ति भी उस भाषा यानी कोड से परिचित हो जिसमें आप अपना संदेश भेज रहे हैं। इसके साथ ही संचारक का एनकोडिंग की प्रक्रिया पर भी पूरा अधिकार होना चाहिए। इसका अर्थ यह हुआ कि सफल संचार के लिए संचारक का भाषा पर पूरा अधिकार होना चाहिए। साथ ही उसे अपने संदेश के मुताबिक बोलना या लिखना भी आना चाहिए। प्राप्तकर्ता यानी रिसीवर प्राप्त संदेश का कटवाचन यानी उसकी डीकोडिंग करता है। डीकोडिंग का अर्थ है प्राप्त संदेश में निहित अर्थ को समझने की कोशिश। यह एक तरह से एनकोडिंग की उलटी प्रक्रिया है। इसमें

संदेश का प्राप्तकर्ता उन चिह्नों और संकेतों के अर्थ निकालता है। जाहिर है कि संचारक और प्राप्तकर्ता दोनों का उस कोड से परिचित होना ज़रूरी है।

संचार प्रक्रिया की शुरुआत स्रोत या संचारक से होती है। जब स्रोत या संचारक एक उद्देश्य के साथ अपने किसी विचार, संदेश या भावना को किसी और तक पहुँचाना चाहता है तो संचार-प्रक्रिया की शुरुआत होती है। संदेश को किसी माध्यम (चैनल) के ज़रिये प्राप्तकर्ता तक पहुँचाना होता है। जैसे हमारे बोले हुए शब्द ध्वनि तरंगों के ज़रिये प्राप्तकर्ता तक पहुँचते हैं, जबकि दृश्य संदेश प्रकाश तरंगों के ज़रिये। इसी तरह वायु तरंगों के ज़रिये भी संदेश पहुँचते हैं। टेलीफ़ोन, समाचारपत्र, रेडियो, टेलीविज़न, इंटरनेट और फ़िल्म आदि विभिन्न माध्यमों के ज़रिये भी संदेश प्राप्तकर्ता तक पहुँचाया जाता है।

संचार-प्रक्रिया में प्राप्तकर्ता की भी अहम भूमिका होती है, क्योंकि वही संदेश का आखिरी लक्ष्य होता है। प्राप्तकर्ता कोई भी हो सकता है। वह कोई एक व्यक्ति हो सकता है, एक समूह हो सकता है, या कोई संस्था अथवा एक विशाल जनसमूह भी हो सकता है। वह प्रतिक्रिया सकारात्मक या नकारात्मक हो सकती है। संचार-प्रक्रिया में प्राप्तकर्ता की इस प्रतिक्रिया को फ़ीडबैक कहते हैं।

संचार माध्यम की सफलता में फ़ीडबैक की अहम भूमिका होती है। फ़ीडबैक से ही पता चलता है कि संचार-प्रक्रिया में कहीं कोई बाधा तो नहीं आ रही है। इसके अलावा फ़ीडबैक से यह भी पता चलता है कि संचारक ने जिस अर्थ के साथ संदेश भेजा था वह उसी अर्थ में प्राप्तकर्ता को मिला है या नहीं? इसी फ़ीडबैक के अनुसार ही संचारक अपने संदेश में सुधार करता है और इस तरह संचार की प्रक्रिया आगे बढ़ती है।

वास्तविक जीवन में संचार प्रक्रिया इतनी सुचारू रूप से नहीं चलती। उसमें कई बाधाएँ भी आती हैं। इन बाधाओं को शोर (नॉयज) कहते हैं। संचार की प्रक्रिया को शोर से बाधा पहुँचती है। यह शोर किसी भी किस्म का हो सकता है। यह मानसिक से लेकर तकनीकी और भौतिक शोर तक हो सकता है। शोर के कारण संदेश अपने मूल रूप में प्राप्तकर्ता तक नहीं पहुँच पाता। सफल संचार के लिए संचार प्रक्रिया से शोर को हटाना या कम करना बहुत ज़रूरी है।

यह जनसंचार पाश्चात्यों से प्राप्त आधुनिक माध्यमों के रूप है। समाचारपत्र हों या रेडियो, टेलीविज़न या इंटरनेट, आदि माध्यम पाश्चात्यों का योगदान है। पाश्चात्य रूप को हमने शुरुआत में अपनाया लेकिन धीरे-धीरे वे हमारी सांस्कृतिक विरासत के अंग बनते चले गए। फ़िल्में हों या टी.वी. सीरियल, एक समय के बाद वे भारतीय नाट्य परंपरा से परिचालित होने लगते हैं। इसलिए आज के जनसंचार

माध्यमों का रूप पश्चिमी होने पर भी उनकी विषयवस्तु और रंगरूप भारतीय हैं। उसकी भूमिका भी कहीं अधिक बढ़ चली है, इसलिए जहाँ वह शासक वर्ग के लिए राष्ट्र निर्माण की दिशा तय करता है, वहीं जनता की भागीदारी भी ये संचार माध्यम सुनिश्चित करता है। वर्तमान संदर्भ में जनसंचार माध्यमों के प्रचलित रूप प्रमुख हैं- समाचारपत्र-पत्रिकाएँ, रेडियो, टेलीविज़न, सिनेमा और इंटरनेट। इन माध्यमों के ज़रिये जो भी सामग्री आज जनता तक पहुँच रही है, राष्ट्र के मानस का निर्माण करने में उसकी महत्त्वपूर्ण भूमिका है।

समाचारपत्र:

जनसंचार की सबसे मज़बूत कड़ी पत्र-पत्रिकाएँ या प्रिंट मीडिया ही है। अपने विशाल दर्शक वर्ग और तीव्रता के कारण रेडियो और टेलीविज़न की ताकत ज़्यादा मानी जा रही है लेकिन वाणी को शब्दों के रूप में रिकार्ड करने वाला आरंभिक माध्यम होने की वजह से प्रिंट मीडिया का महत्व सदा बना रहेगा। आज प्रिंट, रेडियो, टेलीविज़न या इंटरनेट, किसी भी माध्यम से खबरों के संचार को पत्रकारिता कहा जाता है। आरंभ में केवल प्रिंट माध्यमों के ज़रिये खबरों के आदान-प्रदान को पत्रकारिता कहा जाता है। इसके तीन पहलू हैं-पहला समाचारों को संकलित करना, दूसरा उन्हें संपादित कर छपने लायक बनाना और तीसरा पत्र या पत्रिका के रूप में छापकर पाठक तक पहुँचाना। हालाँकि तीनों ही काम आपस में गहरे जुड़े हैं लेकिन पत्रकारिता के तहत हम पहले दो कामों को ही लेते हैं क्योंकि प्रकाशन और वितरण का कार्य तकनीकी और प्रबंधकीय विभागों के अधीन होते हैं जबकि रिपोर्टिंग और संपादन के काम के लिए एक विशेष बौद्धिक और पत्रकारीय कौशल की अपेक्षा होती है।

आज़ादी के बाद के प्रमुख हिंदी अखबारों में 'नवभारत टाइम्स', 'जनसत्ता', 'नई दुनिया', 'राजस्थान पत्रिका', 'अमर उजाला', 'दैनिक भास्कर', 'दैनिक जागरण' और पत्रिकाओं में 'धर्मयुग', 'साप्ताहिक हिन्दुस्तान', 'दिनमान', रविवार', 'इंडिया टुडे' और 'आउटलुक' का नाम लिया जा सकता है। इनमें से कई पत्रिकाएँ बंद हो चुकी हैं। आज़ादी के बाद के हिंदी के प्रमुख पत्रकारों में सच्चिदानंद हीरानंद वात्स्यायन 'अज्ञेय', रघुवीर सहाय, धर्मवीर भारती, मनोहर श्याम जोशी, राजेंद्र माथुर, प्रभाष जोशी, सर्वेश्वर दयाल सक्सेना, सुरेंद्र प्रताप सिंह का नाम लिया जा सकता है।

रेडियो :

पत्र-पत्रिकाओं के बाद दुनिया को सबसे ज़्यादा प्रभावित करनेवाला माध्यम रेडियो है। सन् 1895 में जब इटली के इलैक्ट्रिकल इंजीनियर जी.मार्कोनी ने

वायरलेस के ज़रिये ध्वनियों और संकेतों को एक जगह से दूसरी जगह भेजने में कामयाबी हासिल करने साथ रेडियो जैसा माध्यम अस्तित्व में आया। पहले विश्वयुद्ध तक यह सूचनाओं के आदान-प्रदान का एक महत्त्वपूर्ण औज़ार बन चुका था। शुरुआती रेडियो स्टेशन 1892 में अमेरिकी शहर पिट्सबर्ग, न्यूयॉर्क और शिकागो में खुले। भारत में भी लगभग इसी समय रेडियो की शुरुआत हुई।

रेडियो एक ध्वनि माध्यम है। इसकी तात्कालिकता, घनिष्ठता और प्रभाव के कारण गांधी जी ने रेडियो को एक अद्भुत शक्ति कहा था। ध्वनि तरंगों के ज़रिये यह देश के कोने-कोने तक पहुँचता है। दूर-दराज़ के गाँवों में, जहाँ संचार और मनोरंजन के अन्य साधन नहीं होते, वहाँ रेडियो ही एकमात्र साधन है, बाहरी दुनिया से जुड़ने का। फिर अखबार और टेलीविज़न की तुलना में यह बहुत सस्ता भी है। इसलिए भारत के दूरदराज के इलाकों में लोगों ने रेडियो क्लब बना लिए हैं। आकाशवाणी के अलावा सैकड़ों निजी एफएम स्टेशनों और बीबीसी, वॉयस ऑफ अमेरिका, डोयचे वेले (रेडियो जर्मनी), मास्को रेडियो, रेडियो पेइचिंग, रेडियो आस्ट्रेलिया जैसे कई विदेशी प्रसारण और हैम अमेच्योर रेडियो क्लबों (स्वतंत्र समूह द्वारा संचालित पंजीकृत रेडियो स्टेशन) का जाल बिछा हुआ है।

1997 में आकाशवाणी और दूरदर्शन को केंद्र सरकार के सीधे नियंत्रण से निकालकर प्रसार भारती नाम से स्वायत्तशासी निकाय को सौंप दिया गया। असल में, लंबे अर्से तक सरकारी नियंत्रण में रहने के कारण रेडियो में आ गई जड़ता को तोड़ने की पहल 1995 में उच्चतम न्यायालय के एक फ़ैसले ने की। इस फ़ैसले में कहा गया कि ध्वनि तरंगों पर किसी का एकाधिकार नहीं हो सकता और उन्हें मुक्त किया जाना चाहिए। एफ.एम. के साथ देश के 90 शहरों में 500 से अधिक निजी एफएम चैनल हैं। इसके साथ ही साम्मुदायिक या कम्युनिटी रेडियो केंद्रों के आने से देश में रेडियो की नई संस्कृति अस्तित्व में आ रही है।

टेलीविज़न :

टेलीविज़न जनसंचार का सबसे लोकप्रिय और ताकतवर माध्यम बना हुआ है। प्रिंट मीडिया के शब्द और रेडियो की ध्वनियों के साथ जब टेलीविज़न के दृश्य मिल जाते हैं तो सूचना की विश्वसनीयता कई गुना बढ़ जाती है। पश्चिमी देशों में रेडियो के विकास के साथ ही टेलीविज़न पर भी प्रयोग शुरू हो गए थे। 1927 में बेल टेलीफ़ोन लेबोरेट्रीज़ ने न्यूयॉर्क और वाशिंगटन के बीच प्रायोगिक टेलीविज़न कार्यक्रम का प्रसारण किया। 1936 तक बीबीसी ने भी अपनी टेलीविज़न सेवा शुरू कर दी थी।

भारत में टेलीविज़न की शुरुआत यूनेस्को की एक शैक्षिक परियोजना के तहत 15 सितंबर, 1959 को हुई थी। इसका मकसद टेलीविज़न के ज़रिये शिक्षा और सामुदायिक विकास को प्रोत्साहित करना था। 1965 में स्वतंत्रता दिवस से भारत में विधिवता टी.वी. सेवा का आरंभ हुआ। तब रोज़ एक घंटे के लिए टी.वी. कार्यक्रम दिखाया जाने लगा। 1975 तक दिल्ली, मुंबई, श्रीनगर, अमृतसर, कोलकाता, मद्रास और लखनऊ में टी.वी. सेंटर खुल गए। लेकिन 1976 तक टी.वी. सेवा आकाशवाणी का हिस्सा थी। 1 अप्रैल 1976 से इसे अलग कर दिया गया। इसे दूरदर्शन नाम दिया गया। 1984 में इसकी रजत जयंती मनाई गई। देश भर में कई सरकारी और निजी टी.वी. चैनलर समाचार प्रचार-प्रसार और मनोरंजन का कार्यक्रम प्रसारित कर रहे हैं ।

सिनेमा :

वर्तमान समय में सिनेमा जनसंचार का सबसे लोकप्रिय और प्रभावशाली माध्यम बन गया है। यह जनसंचार के अन्य माध्यमों की तरह सीधे तौर पर सूचना देने का काम नहीं करता लेकिन परोक्ष रूप में सूचना, ज्ञान और संदेश देने की जिम्मेदारी बखूबी निभाता है । सिनेमा को मनोरंजन के एक सशक्त माध्यम के रूप में माना जाता है। सिनेमा के आविष्कार का श्रेय थॉमस अल्वा एडिसन को जाता है और यह 1883 में मिनेटिस्कोप की खोज के साथ जुड़ा हुआ है। 1894 में फ्रांस में पहली फ़िल्म बनी 'द अराइवल ऑफ़ ट्रेन'। सिनेमा की तकनीक में तेजी से विकास हुआ और जल्दी ही यूरोप और अमेरिका में कई अच्छी फ़िल्में बनने लगीं।

भारत में पहली मूक फ़िल्म बनाने का श्रेय दादा साहेब फाल्के को जाता है। यह फ़िल्म थी 1913 में बनी-'राजा हरिश्चंद्र'। इसके बाद के दो दशकों में कई और मूक फ़िल्में बनीं। इनके कथानक धर्म, इतिहास और लोक गाथाओं के इर्द-गिर्द बुने जाते रहे। 1931 में पहली बोलती फ़िल्म बनी-'आलम आरा'। इसके बाद बोलती फ़िल्मों का दौर शुरू हुआ। आजादी के बाद जहाँ एक तरफ़ भारतीय सिनेमा ने देश के सामाजिक यथार्थ को गहराई से पकड़कर आवाज़ देने की कोशिश की, वहीं लोकप्रिय सिनेमा ने व्यावसायिकता का रास्ता अपनाया। एक तरफ़ पृथ्वीराज कपूर, महबूब खान, सोहराब मोदी, गुरुदत्त जैसे फ़िल्मकार थे तो दूसरी तरफ़ सत्यजित राय जैसे फ़िल्मकार।

सत्तर के दशक तक सिनेमा के मूल में प्रेम, फंतासी और एक कभी न हारने वाले सुपर नैचुरल हीरो की परिकल्पना रही। कहानियों में कुछ न कुछ संदेश देने की भी कोशिश हुई लेकिन बहुत ही अव्यावहारिक तरीके से। सत्तर और अस्सी के दशक

में कुछ फ़िल्मकारों ने महसूस किया कि सिनेमा जैसे सशक्त संचार माध्यम का इस्तेमाल आम लोगों में चेतना फैलाने, उसे व्यावहारिक जीवन की समस्याओं से जोड़ने और अन्याय के ख़िलाफ़ एक कलात्मक अभिव्यक्ति के तौर पर किया जाए।

सत्यजित राय ने पचास के दशक में ही 'पथेर पांचाली' बनाकर इसकी शुरुआत कर दी थी लेकिन समानांतर सिनेमा ने एक आंदोलन की शक्ल ली-साठ के दशक के आखिरी वर्षों और सत्तर के दशक में। यह आंदोलन अस्सी के दशक में भी जारी रहा। इस धारा में सत्यजित राय के अलावा श्याम बेनेगल, मृणाल सेन, ऋत्विक घटक, अदूर गोपालकृष्णन, एम.एस. सथ्यू, गोविंद निहलानी जैसे फ़िल्मकार शामिल हुए।

भारतीय सिनेमा में पारिवारिक फ़िल्मों की भी एक धारा लगातार चलती रही है। हलके-फुलके सदस्य और एक आम आदमी के परिवार की खट्टी-मीठी कहानी पर बनी इन साफ़-सुथरी फ़िल्मों को खूब पसंद किया गया। लोकप्रिय और पारिवारिक फ़िल्मों की पहुँच गाँव और शहर के साधारण दर्शकों तक रहती आई है। इस तरह की फ़िल्मों में दर्शकों को बाँधने वाला कथानक, रोज़मर्रा की . समस्याएँ, मधुर संगीत, पारंपरिक नृत्य और संस्कृति के कई आयाम दिखाई देते हैं। इस धारा के फ़िल्मकारों में राज कपूर, गुरुदत्त, बिमल राय, ऋषिकेश मुखर्जी, बासु चटर्जी जैसे कई नाम हैं।

इंटरनेट :

इंटरनेट जनसंचार का सबसे नया लेकिन तेज़ी से लोकप्रिय हो रहा माध्यम है। एक ऐसा माध्यम जिसमें प्रिंट मीडिया, रेडियो, टेलीविज़न, किताब, सिनेमा यहाँ तक कि पुस्तकालय के सारे गुण मौजूद हैं। उसकी पहुँच दुनिया के कोने-कोने तक है और उसकी रफ़्तार का कोई जवाब नहीं है। उसमें सारे माध्यमों का समागम है। इंटरनेट पर आप दुनिया के किसी भी कोने से छपनेवाले अखबार या पत्रिका में छपी सामग्री पढ़ सकते हैं। रेडियो सुन सकते हैं। सिनेमा देख सकते हैं। किताब पढ़ सकते हैं और विश्वव्यापी जाल के भीतर जमा करोड़ों पन्नों में से पलभर में अपने मतलब की सामग्री खोज सकते हैं।

यह एक अंतःक्रियात्मक माध्यम है यानी आप इसमें मूक दर्शक नहीं हैं। आप सवाल-जवाब, बहस-मुबाहिसों में भाग लेते हैं, आप चैट कर सकते हैं और मन हो तो अपना ब्लाग बनाकर पत्रकारिता की किसी बहस के सूत्रधार बन सकते हैं। इंटरनेट ने हमें मीडिया समागम यानी कंवर्जेंस के युग में पहुँचा दिया है और संचार की नई संभावनाएँ जगा दी हैं। हर माध्यम में कुछ गुण और कुछ अवगुण होते

हैं। इंटरनेट ने जहाँ पढ़ने-लिखने वालों के लिए, शोधकर्ताओं के लिए संभावनाओं के नए कपाट खोले हैं, हमें विश्वग्राम का सदस्य बना दिया है, वहीं इसमें कुछ खामियाँ भी हैं। पहली खामी तो यही है कि उसमें लाखों अश्लील पन्ने भर दिए गए हैं जिसका बच्चों के कोमल मन पर बुरा असर पड़ सकता है। दूसरी खामी यह है कि इसका दुरुपयोग किया जा सकता है। हाल के वर्षों में इंटरनेट के दुरुपयोग की कई घटनाएँ सामने आई हैं।

****

14

मीडिया लेखन

परिभाषा:

मीडिया अंग्रेजी शब्द है, जिसका अर्थ 'माध्यम'। मीडिया शब्द संचार के साधनों रेडियों, टेलिविजन, समाचार-पत्र आदि के लिए संज्ञा के रूप में प्रयुक्त होता है। संचार के दो या दो से अधिक साधनों को सामूहिक रूप से 'मीडिया' कहते हैं। माध्यम के बिना कोई भी संदेश ग्रहण करने या भेजने की प्रक्रिया परिपूर्ण नहीं हो पाती है। माध्यम सूचना की शक्ति है और उसकी प्रभाव क्षमता को तीव्र करता है। 'मीडिया' है जिसका अंग्रेजी शब्द 'मीडिया' लेखन कला का विकास आधुनिक युग की देन माना जाता है। मीडिया शब्द मूलरूप से लैटिन भाषा की है। मीडिया को अधिकतर डिजिटल मीडिया या माध्यम के रूप में भी जाना जाता है।

मनुष्य को यह कला जन्मजात प्राप्त नहीं हुई, इसका निर्माण तथा विकास आदमी ने स्वयं के विवेक से किया। आरंभ में बड़े-बड़े छापेखाने खोले गए, जिसमें धार्मिक पुस्तकों का मुद्रण कार्य हुआ। इसका मुख्य उद्देश्य धर्म का प्रचार प्रसार करना था। लेखन कला के विकास से पूर्व पूरी व्यवस्था मौखिक रूप पर आधारित थी। शिक्षा-दीक्षा आदि सभी कार्य मौखिक रूप से ही किए जाने लगे। वर्तमान में लेखन कला का व्यापक रूप से विकास हुआ है। आजकल एक क्षण में अपने संदेश को एक स्थान से दूसरे स्थान तक प्रेषित किया जा सकता है। मुद्रण तथा लेखन के द्वारा ही यह कार्य संभव हुआ है।

भारत में प्रथम छापाखाना गोवा में खोला गया था, जिसमें ईसाई मिशनरियों ने अपने धर्म की पुस्तकों का प्रचार प्रसार करने के लिए प्रयोग किया। धीरे-धीरे इसका विकास निरंतर होता गया, पाठक वर्ग का उदय भी तीव्र गति से होता रहा। इसके साथ मुद्रण कला का विकास बढ़ता गया। आज मुद्रण कला ने अपने साथ

समाज का भी विकास किया है। इसके साथ समाज का प्रत्येक वर्ग जुड़ चुका है।

मीडिया का मुख्य उद्देश्य समुदाय को सूचित करना, शिक्षित करना और प्रेरित करना है । मास मीडिया का उपयोग बड़े पैमाने पर संचार के चैनल के रूप में किया जाता है । मीडिया शब्द को समाज में सामान्य संचार के तरीकों या चैनलों में से एक के रूप रूप में परिभाषित किया जाता है और जिसके माध्यम से समाचार, मनोरंजन, शिक्षा, डाटा या प्रचार संदेश व्याप्त हो रहा है । मीडिया लेखन का सिद्धांत सीधा और सरल है। मीडिया लेखन कला का संबंध सीधा-सीधा समाज और समाज के समस्याओं गतिविधियों आदि से होता है। इससे केंद्र में सामाजिक व्यक्ति होता है। अतः मीडिया लेखन का मूल उद्देश्य, सामाजिक विषयों को उठाना तथा समाज के लिए लेखन कार्य करना है। इसके लिए एक अनुभवी और जानकार व्यक्ति का होना नितांत आवश्यक है, जो उसके विभिन्न पहलुओं से परिचित हो। उसकी बारीकियों को समझता हो तथा समाज के हितों का ध्यान रखता हो। इसके विषय क्षेत्र पर बात करें तो वह सभी विषय इसके अंतर्गत समाहित हैं, जो सीधे तौर पर सामाजिक सरोकार के संदर्भ में हो।

मीडिया लेखन के प्रकार:-

1. समाचार
2. फीचर
3. भेंट वार्ता
4. कमेंट्री
5. संपादकीय
6. विज्ञापन
7. समीक्षा
8. नाटक
9. परिचर्चा

1.समाचारः

मीडिया लेखन के क्षेत्र में समाचार और प्रसिद्ध क्षेत्र है। समाचार सामाजिक जिज्ञासा को शांत करता है , उसके प्रश्नों के उत्तर तत्काल देने में सक्षम होता है। समाचार लेखन करते समय समाज के सभी वर्गों का ध्यान रखना चाहिए। क्योंकि समाज के सभी वर्ग आज समाचार से जुड़े होते हैं। समाचार समाज में हो रही घटना का विस्तृत विवरण प्रस्तुत करता है। समाज से सरोकार रखनेवाला विचार

समाचार अंतर्गत होना चाहिए । मनुष्य को सीधा जोड़नेवाली घटना इसमें होना चाहिए। अतः घटना भाषा शैली शब्दावली चित्र आदि सभी समाज के अनुकूल होना चाहिए।

2. फीचरः

किसी एक निश्चित विषय पर गहन अध्ययन कर लिखने को फीचर लेखन कहा जाता है । इसका प्रकाशन समाचार पत्र-पत्रिका में होना चाहिए। इसको लिखनेवाला उस क्षेत्र का अनुभवी या जानकार होना चाहिए। जिसे समाज उस क्षेत्र में भली भांति जानता है। जैसे-क्रिकेट पर फीचर करते समय हर्ष भोगले, सचिन तेंदुलकर आदि लेख लिखते हैं तो वह अधिक रुचि का विषय बन जाता है। क्योंकि उनकी जानकारी इस क्षेत्र में अधिक है। फीचर लेखन विशेषांक होता है, इसमें समग्र रूप से अध्ययन व विचार प्रकट किया जाता है। साथ ही सुझाव भी दिया जाता है।

3. भेंटवार्ताः

भेंट वार्ता का मीडिया लेखन में अहम योगदान है। इसके अंतर्गत किसी विशिष्ट व्यक्ति या पात्र से भेंट की जाती है इसके दौरान उनसे जो प्रश्न – उत्तर पूछे जाते हैं तथा सुझाव लिए जाते हैं उन सभी को क्रमशः प्रकाशित किया जाता है, जिसे भेंटवार्ता का नाम दिया जाता है। आज इसका प्रचलन अधिक बढ़ता जा रहा है। बड़े-बड़े राजनीतिज्ञ, लेखक, समाज के क्षेत्र में कार्य करने वाले समाजसेवी आदि से साक्षात्कार कर उनके अनुभवों, जानकारियों, सुझावों आदि को संग्रहित कर मीडिया लेखन किया जाता है।

4.कमेंट्रीः

कमेंट्री का मुख्य प्रयोग रेडियो तथा टेलीविजन के क्षेत्र में सीधे प्रसारण के तौर पर किया जाता है। क्रिकेट या कोई खेल प्रतियोगिता चल रहे हो, उस समय आप इससे अधिक जुड़ते हैं। राष्ट्रीय पर्व के उपलक्ष में किसी प्रकार का कार्यक्रम किया जाता है। तो उसमें कमेंट्री की भूमिका अवश्य रहती है। कमेंट्री एक जीवंत कला है, जिसका सीधा लाइव प्रसारण किया जाता है। मीडिया लेखन के क्षेत्र में इसका प्रयोग लोगों को जानकारी देने के उद्देश्य से किया जाता है। यह उन लोगों के लिए विशेष लाभदायक है जो देख नहीं सकते। उनके लिए यह दिव्य कला है, उन्हें कमेंट्री के माध्यम से जीवंत चित्र प्रस्तुत किया जाता है। जिसके माध्यम से वह पूरे दृश्य को सुनकर समझ लेते हैं। कमेंट्री करने वाले व्यक्ति को विशेष ध्यान देना चाहिए उन्हें अपने शब्दों से चित्र प्रस्तुत करने की कला का अनुभव होना चाहिए। उस क्षेत्र में गहन जानकारी का होना भी आवश्यक है, अन्यथा वह कमेंट्री के मूल

उद्देश्यों को पूरा नहीं कर सकते।

5. संपादकीय:

संपादकीय किसी भी पत्र-पत्रिका का आईना होता है संपादकीय । संपादकीय पढ़कर उस पत्र की विचारधारा को समझ सकते हैं। संपादकीय उस पत्र या पत्रिका के संपादक के द्वारा या विशिष्ट लोगों के द्वारा लिखा जाता है । संपादकीय में समाज के ज्वलंत मुद्दों पर प्रकाश डाला जाता है । इस प्रकार सामाजिक जिज्ञासाओं को शांत करने का प्रयास किया जाता है। यह पत्र की अपनी विचारधारा प्रस्तुत करने का माध्यम भी होता है।

6. संपादकीय:

आज के दौर में विज्ञापन का महत्व काफी बढ़ गया है। किसी भी वस्तु या प्रोडक्ट्स को बेचने के लिए उसका विज्ञापन किया जाता है। विज्ञापन जितना सुंदर होता है, उतना ही वह ग्राहकों द्वारा पसंद किया जाता है। आजकल विज्ञान प्रयोग बाजार में खूब किया जा रहा है। खराब से खराब वस्तु का भी महिमामंडन कर ग्राहकों तक प्रभावकारी ढंग से जा रहा है। आज ऑनलाइन तथा ऑफलाइन विज्ञापन का प्रचार-प्रसार हो रहा है। इसके माध्यम से विज्ञापन के क्षेत्र में विभिन्न प्रकार के अवसर उत्पन्न हो रहे हैं और आर्थिक लाभ भी किया जा रहा है। नए-नए शोध में यह बात सामने आ रही है कि विज्ञापन के माध्यम से ऑनलाइन का बाजार निरंतर बढ़ता जा रहा है। यही कारण है कि आज बाजार डिजिटल रूप में घर-घर उपलब्ध है।

7. समीक्षा:

समीक्षा के बदौलत आज किसी को भी प्रसिद्ध बनाने का खूब प्रचलन है। आज जितने भी बाजार में प्रोडक्ट्स आते हैं उनकी समीक्षा अर्थात रिव्यू का प्रचलन बढ़ गया है। इसके माध्यम से उसकी खूबियों-कमियों को बताया जाता है जो ग्राहकों को अपने मन मुताबिक पसंद करने में आसानी होती है वैश्विक बाजार में इसका प्रचलन काफी बढ़ गया है। आज हैरी पॉटर इतना प्रसिद्ध क्यों है ? क्या आपने इस पर थोड़ा सा ध्यान दिया है ? नहीं तो यहां हम आपको समीक्षा की ओर ध्यान आकर्षित करना चाहते हैं। हैरी पॉटर ने विश्व स्तर पर अपने किताब की समीक्षा के लिए धन खर्च किए जिसके कारण हैरी पॉटर आज विश्व का सबसे ज्यादा बिकने वाला किताब बन गया है।

समीक्षा करते समय उसके गुण-अवगुण आदि को प्रस्तुत किया जाना चाहिए। प्रस्तुतकर्ता को उस क्षेत्र का विशेष अनुभव भी होना चाहिए। कहानी का महत्व तब बढ़ जाता है, जब समाज में किसी संदेश को पहुंचाना होता है। कहानी का संबंध

समाज के साथ सीधा है। लेखन कला के विकास से पूर्व बालक में संस्कार कहानी के माध्यम से ही डाले जाते हैं। आज भी पंचतंत्र जैसी कहानियां नैतिक, चारित्रिक, सामाजिक विकास के लिए अहम भूमिका निभाती है। मीडिया देखन में कहानी का प्रयोग ही नहीं सभी उद्देश्यों की पूर्ति के लिए किया जाता है।

8. नाटक:

नाटक साहित्य की सबसे पुरानी विधा है। जब लेखन कला का विकास नहीं हुआ था तब भी इसका भरपूर प्रयोग किया जाता था। पूर्व समय में लोग मंच पर मुखौटा लगाकर अभिनय करते थे , इसका विस्तृत रूपरेखा शास्त्र में भी अपने उपलब्ध है। अभिनव गुप्ता तथा अन्य नाट्य शास्त्रियों ने इसकी विस्तृत रूपरेखा तथा योजना का निर्माण किया है। जिसमें अभिनयकर्ता तथा दर्शक दोनों के बीच तारतम्यता स्थापित करने के लिए संपूर्ण क्रियाकलाप को शास्त्रबद्ध किया गया है। नाटक आज भी खेले जाते हैं आए दिन अपने समाज को जागरूक करने के लिए नुक्कड़ नाटक का अभिनय तो देखा ही होगा साथ ही रामलीला का मंचन भी वर्ष में एक बार अवश्य देखते होंगे यह सभी नाटक का ही अंग है। मीडिया लेखन के क्षेत्र में नाटक का विशेष महत्व है। इसके माध्यम से सामाजिक जागरूकता का अभियान भी चलाया जाता है जिससे समाज के निकट जाने में सुविधा होती है।

9. परिचर्चा:

परिचर्चा की पत्रकारिता एक विशिष्ट विधा है। समसामयिक विषयों पर लोगों की रूचि और प्रतिक्रिया जानने के लिए विभिन्न समाचार माध्यम नियमित रूप से आयोजन करते हैं। इसके द्वारा किसी महत्वपूर्ण विषय पर लोगों की राय को समाज तक लाया जाता है, जिससे जनमत का निर्माण होता है। सामान्य और विवादास्पद विषयों पर होने वाली परिचर्चाओं पर लोगों की भागीदारी चुनाव के माहौल से भी परिचर्चा के द्वारा विभिन्न वर्गों के प्रति विधियों से अनेक राजनीतिक विषयों पर गंभीर परिचर्चा में की जाती है।

****

15

सिनेमा और पुस्तक समीक्षा

परिभाषा :

पाठकों को किसी वस्तु या विषय स्थिति को समझने के लिए समीक्षा (review) की अत्यंत आवश्यक होती है । समीक्षा का विच्छेद सम्यक इच्छा है ।किसी भी पदार्थ के संबंध में ऑनलाइन की विस्तृत जानकारी के लिए उसकी कस्टमर द्वारा दी गई समीक्षा पर नज़र डालते हैं और उसी के अनुसार उसका चयन करते हैं । किसी पुस्तक की समीक्षा से उसका समान्य परिचय, विषय, भाषा, महत्व, लेखक का नाम, प्रकाशन, प्रकाशक एवं मूल्य की जानकारी मिलती है। समीक्षा एक समान्य अवधारणा है। इसी प्रकार किसी सिनेमा की समीक्षा से उसका सामान्य परिचय, भाषा, पात्र, निदेशन, निर्मापक, आदि महत्वपूर्ण विषय प्राप्त करते हैं । भविष्य के निर्णय, योजना और विश्वसनीयता के लिए समीक्षा की बहुत जरूरत होती है। समीक्षा भरे हुए जल के ऊपरी सतह का निर्धारण करने की क्षमता रखती है । समीक्षा अगर व्यापक और विश्लेषणात्मक हो जाती है तो आलोचना के रूप में परिवर्तित हो जाती है।

शास्त्र में समीक्षा का अर्थ है- "भाष्य के बीच प्रकृत विषय को छोड़कर दूसरे विषय पर विचार करना"। यद्यपि कुछ विद्वान 'चारों ओर से देखना', 'आलोचना' और 'सम्यक दृष्टि से ज्ञान प्राप्त करना' (समीक्षा) में अंतर उपस्थित करते है और 'समीक्षा' को अधिक व्यापक रूप प्रदान करते हैं, तो भी व्यावहारिक रूप में 'आलोचना' और 'समीक्षा' का प्रयोग लगभग एक ही अर्थ में होता है।

वर्तमान समय में समीक्षा का महत्व बहुत बढ़ गया है क्योंकि डिजिटल और सोशल मीडिया की वजह से खरीददारी जैसी हर क्रिया ऑनलाइन होने लगी है, ऐसी स्थिति में आपको सिर्फ और सिर्फ समीक्षा से ही जानकारी प्रदान होती है और उसी के आधार पर विश्वसनीयता बनती है। समीक्षा प्रबुद्धता का दूसरा स्वरूप है, इससे अधिकार भी स्पष्ट होते हैं साथ ही समुचित समाधान भी मिलते हैं।

समीक्षा अर्थात् अच्छी तरह देखना, जाँच करना- 'सम्यक ईक्षा या ईक्षणम्'। किसी वस्तु, रचना या विषय के सम्बंध में सम्यक ज्ञान प्राप्त करना, प्रत्येक तत्व का विवेचन करना समीक्षा है। जब <u>साहित्य</u> के सम्बंध में उसकी उत्पत्ति, उसके स्वरूप, उसके विविध अंगों, गुण-दोष आदि विभिन्न तत्त्वों और पक्षों के सम्बंध में सम्यक विवेचन किया जाता है, तो उसे 'साहित्यिक समीक्षा' कहते है। साहित्य के विविध तत्त्वों और रूपों का स्वयं दर्शन कर दूसरों के लिए उसे द्रष्टव्य बनाना ही समीक्षक का कर्म है। <u>भारतवर्ष</u> में <u>राजशेखर</u> ने अपनी '<u>काव्यमीमांसा</u>' में साहित्य-समीक्षा का सूत्रपात किया था और औचित्यवादियों ने उसे व्यावहारिक रूप प्रदान दिया।

जब सिनेमा के संबंध में उसके निर्माण, स्वरूप, उसके विविध अंग एवं तत्व, गुण दोष आदि विभिन्न पक्षों का सम्यक विवेचन किया जाता है वह सिनेमा समीक्षा होती है । फिल्म समीक्षा एक प्रकार क्रिएटिव विधा है, जिसमें समीक्षक के संस्कार, परिवेश, ज्ञान और जानकारी का पता चलता है । किसी एक सिनेमा समीक्षा का अर्थ है उपभोक्ताओं के लिए एक सिफारिश है। एक पुस्तक या फिल्म समीक्षा लगभग 600-2000 शब्दों की होनी चाहिए। अधिकांश लोगों के लिए सबसे अच्छी लंबाई 1000 है। 1000 शब्दों की गिनती आपको बाहरी विवरणों को पचाए बिना आवश्यक तत्वों पर ध्यान केंद्रित करने में मदद करती है। पुस्तक समीक्षा करते समय पुस्तक का पूर्व अध्ययन करना है और सिनेमा को पूर्ण रूप से देख लेना चाहिए। पुस्तक और फिल्म के मुख्य-मुख्य बिंदुओं को नोट करना चाहिए। पुस्तक या सिनेमा के शिल्प पक्ष का भी ज्ञान होना अनिवार्य है। पुस्तक/ सिनेमा की अच्छाइयों के वर्णन के साथ-साथ कमियों को भी उजागर करना चाहिए। समीक्षा करते समय पूर्वाग्रह से दूर रहना चाहिए।

पुस्तक समीक्षा-1

'सफर संघर्षों का'- पुस्तक की समीक्षा

'सफ़र संघर्षों का' काव्य संग्रह प्रथम काव्य 'वह बजाती ढोल' का द्वितीय भाग है जिसमें मां के संघर्ष की व्यथा को शाब्दिक काव्यात्मक रूप में अपनी भावना को बड़े ही मार्मिक ढंग पेश किया है क्षेत्र के लब्ध शिक्षाविद् एवं भाषाविद् कारूलाल

जमड़ा ने।

इनका प्रथम काव्य संग्रह 'वह बजाती ढोल' इतना अधिक लोकप्रिय हुआ कि उसका अन्य भाषा में अनुवाद कर प्रकाशित किया गया। यह किसी भी लेखक के लिए गौरव की बात होती है। 'सफ़र संघर्षों का' काव्य संग्रह सिर्फ एक मां की काव्य-कथा नहीं है, बल्कि यह उन हजारों- लाखों 'मांओं' की जीवंत दशा को काव्य रूप में ढालने की अपने आप में एक मिसाल है। इस संग्रह में 4 खंड हैं।

प्रथम खंड 'संस्मरण' में अपनी यादों को संजोया गया है। इसमें 17 काव्य अभिव्यक्तियां हैं- 'यादें अपने गांव की', 'वह बजाती ढोल', 'बूढ़ी हो गई मेरी मां' शीर्षक वाली रचना भावुक कर देती है। यह एक ऐसा चित्र खींचती है कि मन को झंकृत कर देती है। द्वितीय खंड में 'स्ववेदना' में 19 रचनाएं हैं जिसमें लेखक ने वेदना के अंतिम छोर को छूने का प्रयास किया है। इसने 'मां के काम', 'पिताजी खांस रहे हैं', 'कामवाली बाई' और 'इंसान की कदर करो भाई' में वेदना के भाव को बखूबी व्यक्त किया है।

तृतीय भाग में 'स्वानुभूति' में लेखक ने अपनी अनुभूतियों को शब्दों में उकेरा है। 'बेटी बनकर देखो', 'सच का सपना', 'तुम निंदक' और 'मां को बुखार' जैसी रचना ने वेदना का जो स्वर दिया है, वह सोचने को मजबूर करता है और विचारणीय भी है। चतुर्थ भाग में 'स्वचिंतन' है जिसमें 'खूंटी पर टांगो स्वाभिमान', 'बहुओं के पदक बाकी हैं', 'आत्महत्या मत करो' और 'इंसान की कदर करो' जैसी रचना लेखक की गहन-गंभीर चिंतनशीलता को प्रदर्शित करती है। 'संस्मरण', 'स्ववेदना', 'स्वानुभूति' और 'स्वचिंतन' इस काव्य-संग्रह की आत्मा है।

रचनाकार ने सरल और सहज शब्दों में सृजन कर एक दुरूह कार्य को रोचक ढंग से प्रतिपादित किया है। यही इसकी मुख्य विशेषता है। यह उम्दा व भावप्रधान रचनाओं से परिपूर्ण संग्रह है। इसमें लगभग 80 कविताएं हैं, जो हर विषय को छूती हैं। चिंतन और मनन के माध्यम से जो ताना-बाना बुना गया, वह काबिले तारीफ है। उसे बिना लाग-लपेट के सरलता से व्यक्त करना उत्कृष्ट रचनाकार की छवि दिखाता है।इस संग्रह में भूमिका 'यह मन्यु जीवित रहे कारूलाल। इस संग्रह में भूमिका 'यह मन्यु जीवित रहे कारूलाल का लेखन' राष्ट्रीय कवि बालकवि बैरागीजी ने व्यक्त की, जिसका शब्द-शब्द अपने आप में अनूठा है। इसे पढ़े बिना पुस्तक को पढ़ना अधूरा रहेगा। आवरण अति सुन्दर है, जो संघर्ष की व्यथा बयां करता है, जो संग्रह के अनुरूप है।यह काव्य संग्रह अपने आप में पूर्णता लिए हुए है। संग्रह के मूल्यांकन का अधिकार तो पाठकों को है ही।

कृति- सफ़रसंघर्षोंका
विधा- कविता
प्रकाशक- बोधिप्रकाशन
मूल्य- 200/-
****

पुस्तक समीक्षा-2
'स्वच्छ भारत समृद्ध भारत' पुस्तक की समीक्षा:

नई सरकार बनने के पश्चात समस्त भारत में एक नारा दिया गया 'स्वच्छ भारत समृद्ध भारत"। यह नारा मात्र राजनीतिक रूप से न सही लेकिन भारतीय जनमानस और उसकी भौतिक वस्तुस्थिति का मूल्यांकन करने के लिए भी महत्वपूर्ण बन गया है । 21वीं सदी में भारत को आर्थिक, सामाजिक और सांस्कृतिक तौर पर अग्रणी श्रेणी में पहुंचाने की अभी भी उम्मीद बची हुई है। इस उम्मीद को व्याव्हारिक स्तर तक पहुंचाने के लिए यहां की वस्तुस्थिति पर भी नजर डालना बहुत आवश्यक है।भारत में हर वर्ष गर्मी और सर्दी से मरने वाले लोगों की संख्या हजारों तक पहुंच जाती है। प्रत्येक वर्ष 5 लाख बच्चे हैजा, उल्टी-दस्त, कुपोषण व सामान्य बुखार से मर जाते हैं, यहां तक कि हजारों लोग गंदगी से पैदा होने वाली डेंगू, मलेरिया जैसी सामान्य बीमारी से भी मर जाते हैं।

"स्वच्छ भारत समृद्ध भारत" के सपने को पूरा करने में पूरी तरह से मुस्तैद लेखक पंकज के. सिंह ने अपनी पुस्तक 'स्वच्छ भारत समृद्ध भारत' के माध्यम से भारतीय समाज को बौद्धिक रूप से समृद्ध करने का प्रयास ही नहीं किया बल्कि उसके साझीदार भी बनते हैं।

लेखक पंकज के. सिंह लिखते हैं कि "गंदगी और प्रदूषण के इस आतंकनाद से निपटने के लिए यदि देश की सम्पूर्ण सवा सौ करोड़ जनता संकल्पबद्ध होकर एक नहीं हुई तो यह समस्या देश को निगल जाएगी।" इसलिए लेखक भारतीय दर्शन में स्वच्छता के आदर्शों को पाठकों तक पहुंचाने का श्रमसाध्य कार्य करते हैं। "शोचात स्वांग जुगुप्सा परे : असंसर्ग।परंतु लेखक किसी परंपरा पर आंख मूंदकर चलने की बात नही करते। इसीलिए उन्होंने समय के अनुसार अपने विचारों को बदलने पर विशेष बल दिया है - "परंपरा एवं ऐतिहासिक रूप से भारतीय संस्कृति ने मन और अंतःकरण की शुद्धि को सर्वाधिक महत्वपूर्ण स्थान दिया है। हमारे आध्यात्मिक ग्रंथों और प्रवचनों में निरंतर यह कहा गया है या ऐसे निर्देश दिए गए हैं कि प्रत्येक मानव को 'मन की शुद्धता' का विशेष ध्यान रखना चाहिए। काश! इन धर्मग्रंथों और आध्यात्मिक प्रवचनों में व्यक्ति, देश और समाज को भी इसी

प्रकार साफ रखने के सख्त निर्देश यदि दिए गए होते तो निश्चय ही इसका लाभ भारतीय समाज और राष्ट्र को आज अवश्य मिल रहा होता।"

लेखक इस नजरिए को बदलने की बात स्पष्ट रूप से रखता है "भारत में आदिकाल से चली आ रही इस ऐतिहासिक गलती को सुधारते हुए वर्तमान परिस्थितियों के अनुसार हमें अपनी सोच बदलनी होगी।" पुस्तक कुछ ऐसे पहलुओं की तरफ भी पाठकों का ध्यान आकर्षित करती है कि "खराब एवं दयनीय सेनिटेशन की वजह से भारत में कुल जी.डी.पी. का 6.4 प्रतिशत हिस्सा व्यर्थ चला जाता है। इसीलिए लेखक सरकारी निर्भरता की जगह जनता की भागीदारी, पंचायतों की भूमिका को महत्वपूर्ण बताते हैं।

पंकज के. सिंह सिर्फ भारत की स्वच्छता जागरुकता को लेकर ही चिंतित नहीं वरन वे वैश्विक पर्यावरण संकट तक अपने विचारों का विस्तार करते हैं। एक रिपोर्ट का हवाला देते हुए वे लिखते हैं कि भूमि और जल में रहने वाले जीवों की संख्या में 39% की कमी आई है। विश्व के अनेक द्वीप खतरे में हैं, 18 द्वीप जलमग्न हो चुके हैं और 2020 तक 14 द्वीप पूरी तरह से विलुप्त हो जाएंगे। इसलिए पर्यावरण संरक्षण एक वैश्विक दायित्व है और इसे मिलकर ही पूरा किया जा सकता है।

लेखक पर्यावरण संकट का कारण प्रायः गरीब-अमीर को दोष देता है। विकासशील, विकसित राष्ट्रों पर आरोप लगाते हैं और नेता व जनता पर आरोप मढ़ता है। लेखक ने सभी को कठघरे में खड़ा किया है। अंततः वे इस नतीजे पर पहुंचे हैं कि "वर्तमान औद्यौगिक तथा कृषि संबंधी अनियोजित कार्य अधिकांशतः पर्यावरण के प्रति नासमझी और अदूरदर्शिता का नतीजा है।" समाधान के लिए लेखक कहता है कि "सार्वजनिक परिवहन के बेहतर एवं सुव्यवस्थित जाल को बिछाए बिना सड़कों पर दौड़ रहे अनावश्यक निजी वाहनों की संख्या को कम नहीं किया जा सकता।

गंगा को साफ करने का मुद्दा वर्षों से चला आ रहा है, लेकिन गंगा को गंदा करने वाले उद्योगों और इकाईयों की सूची भी भारत सरकार के पास है। इसीलिए लेखक सरकार को भी अगाह करता है कि पर्यावरण विरोधी एवं राष्ट्र का अहित करने वाले उद्योगों के साथ किसी भी प्रकार की दुर्भिसंधि करने आवश्यकता नहीं है।

लेखक ने इस पुस्तक के माध्यम से "स्वच्छ भारत समृद्ध भारत" की संकल्पना को जमीनी हकीकत को उतारने की कोशिश की है। लेखक के विचारों से किसी की असहमति हो सकती है लेकिन यह तय हो गया है कि इस गंभीर समस्या

के निदान हेतु कुछ ठोस करने की आवश्यकता है।

पुस्तक : स्वच्छ भारत समृद्ध भारत

लेखक : पंकज के.सिंह

प्रकाशक : डायमंड बुक्स

कीमत : 100 रूपए

****

पुस्तक समीक्षा-3

'दलित साहित्य : एक मूल्यांकर' पुस्तक की समीक्षा

'दलित साहित्य एक मूल्यांकन' प्रोफेसर चमनलाल के पिछले दो दशकों में प्रकाशित उन महत्त्वपूर्ण लेखों का संकलन है जो उन्होंने 'दलित प्रश्न' के विविध साहित्यिक, सामाजिक और आर्थिक पक्षों को लेकर लिखे थे। यहाँ संकलित लेखों में से अनेक ऐसे हैं जो विभिन्न विश्वविद्यालयों और उच्चतर शोध संस्थानों में आयोजित संगोष्ठियों में लेखक द्वारा प्रस्तुत शोध-निबंधों के रूप में तैयार किये गये थे लेकिन एक सुखद विस्मय का अनुभव इन शोध और आलोचनात्मक लेखों के बीच से गुज़र कर होता है।

वह इस वजह से कि इन लेखों में आयंत एक ऐसी संवेदनशील मानवीय प्रतिश्रुति उपस्थित मिलती है जो हमें एक अपार दुख संवलित मानवता के अविभाज्य और अहम हिस्से के रूप में दलित वर्ग के बारे में बेरुखी से भरी तटस्थ अकादमिक नीरसता में ले जाकर अकेला नहीं छोड़ देती बल्कि हमें गहरे वैचारिक सोच से भरते हुए उनकी नियति से एकात्म होकर संगठित कार्रवाई के लिए संकल्पबद्ध करती है। लेखक का यह कहना सही है कि 'भारतीय समाज में दलित थे नहीं, वे एक ऐतिहासिक-सामाजिक प्रक्रिया गें भारत के मूल निवासियों से ही अप्राकृतिक रूप से क्रूर सत्ता व दमन का प्रयोग कर 'दलित' बनाए गए हैं।

'दलित साहित्य' पर विचार करते हुए लेखक ने इस राय पर अपनी ताइत्तिफाकी जाहिर की है कि 'दलित लेखन' वही है जो दलितों द्वारा 'दलितों के लिए' लिखा जाता है। उसका कहना है कि 'दलित समुदाय बृहत्तर समाज का अंग है। दलितों की मानवीय अस्मिता के प्रति बृहत्तर समाज की संवेदना जाग्रत होनी ही चाहिए, जिसमें दलित साहित्य की भूमिका हो सकती है।

....अब रहा 'दलितों के जीवन पर' लिखने का अधिकार। बृहत्तर समाज एक ऐसी इकाई है जिसमें विभिन्न सामाजिक समुदाय एक-दूसरे से आदान-प्रदान में रहते हैं।...इस अर्थ में दलित लेखक की दलित समुदाय से निकटता या उस समुदाय का अंग होने की स्थिति, अपने समुदाय को अधिक संवेदना, सहानुभूति

या अधिक वस्तुगतता से चित्रित करने में सहायक हो सकती है। लेकिन समाज के विभिन्न समुदायों को एक-दूसरे से काटकर नहीं देखा जा सकता। इस अर्थ में हर लेखक अपनी रचना में बहुत सारे समुदायों को एक ही समय चित्रित करेगा और इस भावना से इनकार नहीं किया जा सकता कि एक लेखक की अंतर्दृष्टि, उसकी विकसित मानवीय संवेदना उसे उसी समुदाय के साथ जोड़ेगी जो मानवीय स्तर पर सर्वाधिक उत्पीड़ित (अनेक अर्थों में–वर्ग, जाति या लिंग के स्तर पर) हैं।"

'दलित साहित्य और मार्क्सवाद' शीर्ष से लिखे अपने लेख में प्रो० चमनलाल ने सही कहा है कि 'भारतीय समाज व भारतीय साहित्य के संदर्भ में प्रगतिशील साहित्य व दलित साहित्य-दोनों ही प्रवृत्तियाँ समाज की ऐतिहासिक अनिवार्यता से पैदा हुई हैं, दोनों का अन्त:संबंध एक-दूसरे का विरोधी न होकर पूरक होने का है व दोनों ही प्रवृत्तियाँ विश्व की महान परिवर्तनकामी मानवतावादी क्रांतिकारी साहित्य-परम्परा का गौरवशाली अंग है, जो भारतीय समाज के रूढ़िवादी संस्कारों को बदलने व नई मूल्य-चेतना विकसित करने में अपनी ऐतिहासिक भूमिका निभा रही है।'

यह पुस्तक विभिन्न भारतीय भाषाओं में लिखे गए और लिखे जा रहे दलित साहित्य के अब तक अलक्षित पहलुओं से हमें रू-ब-रू कराते हुए हमारी जानकारी को तो बढ़ाती ही है साथ ही मौजूदा समाज में तेजी से स्वीकार्यता पाते जा रहे 'दलित विमर्श' में भी बहुत कुछ सकारात्मक जोड़ती है।

पुस्तक : दलित साहित्य : एक मूल्यांकन

लेखक : प्रो० चमन लाल

प्रकाशक : राजपाल एंड सन्ज, कश्मीरी गेट, दिल्ली-110006

मूल्य : दो सौ पच्चीस रुपये

****

पुस्तक समीक्षा-4

'साँझ का स्वर'- कविता संकलन-पुस्तक समीक्षा

डॉ.सुधा जैन हरियाणा की प्रतिष्ठित कवयित्री, कहानी लेखिका व लघुकथाकार हैं। 'साँझ का स्वर' इनका छठा काव्य-संग्रह है। इस संग्रह में इनकी कुछ कविताएँ जीवन की साँझ को मुखरित करती हैं। 'साँझ घिर आई' में वृद्धावस्था में व्यतीत हो रहे जीवन का लेखा-जोख है। दिनभर का लेखा-जोखा/क्या खोया क्या पाया/ 'फिर मिलेंगे' में बचपन, जवानी, बुढ़ापा, मृत्यु व पुनर्जन्म की बात की गई है। 'हँसते-हँसते' में फिर बुढ़ापे की जिंदगी को दोहराया गया है-बिस्तर में सिमट गई जिंदगी/किताबों में खो गई जिंदगी/ 'भीतर की आंखें' में बुजुर्गों की दयनीय दशा

का वर्णन है। वे बाहर से अशक्त दिखाई देते हैं और भीतर की आंखों से ही संसार का अवलोकन कर सकते हैं-भीतर की खुल गई आँखें/मैं भी देख रही अब/अपने चारों ओर बिखरा संसार/ढलती उम्र में विस्मृतियों का सहारा लेना पड़ता है-पुरानी फाइलों में दबे पत्र पढ़े। कितनी घटनाएँ, कितने लोग, कितने नाम, विस्मृति के अंधेरे में खोये टिमटिमा उठे (विस्मृति का कोहरा)।

डॉ. सुधा जैन हरियाणा की प्रतिष्ठित कवयित्री, कहानी लेखिका व लघुकथाकार हैं। 'साँझ का स्वर' इनका छठा काव्य-संग्रह है। इस संग्रह में इनकी कुछ कविताएँ जीवन की साँझ को मुखरित करती हैं। 'साँझ घिर आई' में वृद्धावस्था में व्यतीत हो रहे जीवन का लेखा-जोख है। दिनभर का लेखा-जोखा/ क्या खोया क्या पाया/ 'फिर मिलेंगे' में बचपन, जवानी, बुढ़ापा, मृत्यु व पुनर्जन्म की बात की गई है। 'हँसते-हँसते' में फिर बुढ़ापे की जिंदगी को दोहराया गया है-बिस्तर में सिमट गई जिंदगी/किताबों में खो गई जिंदगी/ 'भीतर की आंखें' में बुजुर्गों की दयनीय दशा का वर्णन है। वे बाहर से अशक्त दिखाई देते हैं और भीतर की आंखों से ही संसार का अवलोकन कर सकते हैं-भीतर की खुल गई आँखें/मैं भी देख रही अब/अपने चारों ओर बिखरा संसार/ढलती उम्र में विस्मृतियों का सहारा लेना पड़ता है-पुरानी फाइलों में दबे पत्र पढ़े। कितनी घटनाएँ, कितने लोग, कितने नाम, विस्मृति के अंधेरे में खोये टिमटिमा उठे (विस्मृति का कोहरा)।

डॉ. सुधा जैन ने इस संग्रह की कई कविताओं में नारी के स्वर को तरजीह दी है। 'घर-बाहर के बीच पिसती औरत' कविता में नौकरी करने वाली औरतों की तकलीफदेह ज़िन्दगी का लेखा-जोखा है-सुबह पाँच बजे उठती/घर संवारती/चाय, नाश्ता, खाना बनाती/बच्चे स्कूल भेजतीं/पति को ऑफिस भेज/भागती दौड़ती/ अपने दफ़्तर पहुँचती/बॉस की डांट सुनतीं/रोज ही देर हो जाती। औरत आज भी सुरक्षित नहीं है-आज भी सुरक्षित नहीं /औरत /इतनी शिक्षा/इतने ऊँचे-ऊँचे ओहदों पर/पहुँचने के बाद (औरत)। माँ की आँखें दफ़्तर से लौटने वाली जवान बेटी को खोज रही हैं- खोज रही आँखें/भीड़ में अपनी बेटी/लौटी नहीं/दफ्तर से।

घूमते सब ओर/सड़कों में, पार्कों में बसों में/ट्रेनों में (नहीं लौटेंगे कदम पीछे) वस्तुतः औरत संपन्न पिंजरे की मैना जैसी है-सबका मनोरंजन करती/मैं पिंजरे की मैना/उड़ना भूल गई/(पिंजरे की मैना) धन संपन्न नारियाँ अधिकतर रोगग्रस्त हैं, इसका वर्णन कवयित्री ने 'धन संपन्न नारियाँ कविता में किया है। वास्तव में इनके पास सब कुछ है किंतु सुख नाम की कोई चीज़ नहीं है। गांव में रहने वाली औरत का और भी बुरा हाल है। 'गांव की छोटी' कविता में डॉ० सुधा जैन ने लिखा है-चाहा उसने यदि/अपने मन की मीत/ तो लांघ गई सीमा/गंडासे से

काट दी जाति। 'इतनी उपेक्षा क्यों' कविता में भ्रूण समस्या को लिया गया है।

डॉ. सुधा जैन ने आज के मशीनी युग का वर्णन इस प्रकार किया है-मशीनी युग में। जीते-जीते/मशीनवत हो गए हम/(मशीनों का युग) विदेशी माल की भर्त्सना करते हुए कवयित्री ने लिखा है-बाजार भर गये/विदेशी माल से/ढूँढ़ते लोगी/चीनी जापानी.... बनी चीजें/(कहां खो गया अपना देश) डॉ० सुधा जैन ने 'जीने की राह' कविता में जीवन की एकरसता को तोड़ने के साधन बताए हैं- मेले पिकनिक/सेर सपाटे/यात्राएँ तीज/त्योहार/जन्मदिन/शादियों के आयोजन/भिन्न-भिन्न समारोह /तोड़ देते एक रसता।

'त्राहि-त्राहि' कविता में महँगाई की समस्या को लिया गया है। किसान की दुर्दशा का भी कवयित्री ने वर्णन किया है-कहीं बाढ़/बह रहे मवेशी, मनुष्य/गाँव के गाँव/कहीं रो रहा किसान (बाढ़) प्रकृति से हम दूर होते जा रहे हैं, इसका वर्णन 'प्रकृति से टूट रहा नाता' कविता में इस प्रकार किया है-रात को सोते थे/खुली छतर पर/चाँदनी में नहाते.... प्रभात की मंद बयार/कितना मोहक होता था। प्रकृति का वह पहर। 'चदरिया' में जीवन-मृत्यु की दार्शनिक बाते हैं फिर भी क्यों/जीने की चाह/न जन्म अपना/न मृत्यु अपनी।

कविता-संग्रह : साँझ का स्वर

कवयित्री : डॉ० सुधा जैन

प्रकाशन : अक्षरधाम प्रकाशन, कैथल

मूल्य: 150/- वर्ष : 2012

****

पुस्तक समीक्षा-5

प्रवासीकविरामतक्षककाकविता-संग्रह 'जबमाँकुछकहतीमैंचुपरहसुनता'

जब मां कुछ कहती मैं चुप रह सुनता' रामा तक्षक का पहला कविता संग्रह है। भले ही उनका यह पहला संग्रह है लेकिन साहित्य की सेवा में वे वर्षों से रत हैं। यह उनकी रचनाओं की परिपक्वता में स्पष्ट झलकता है। विदेशों में हिन्दी भाषा के प्रचार-प्रसार का उनका कार्य बहुत सराहनीय है। रामा साझा संसार और विश्वरंग नीदरलैंड्स के राष्ट्रीय निदेशक भी हैं।

इस पुस्तक की प्रस्तावना के शब्दों को उद्धृत करना भी सर्वथा उचित है। रचनाकार ने लिखा है "दुनिया का कोई भी रिश्ता माँ और संतान की बराबरी नहीं कर सकता है। माँ ने मानव को रचा है। मानव ने संसार रचा है। इन अर्थों में मानवता और इससे एक कदम आगे बढ़कर माँ संसार की धुरी है।" रचनाकार के ये शब्द कि इस धरा पर माँ की भूमिका की महत्ता सर्वोपरि है। एक आखर 'मां' की

पुकार आपको गहरे में जीवन रस से भर देती है।

इस काव्य-संग्रह की छंदमय और छंदमुक्त कविताओं में प्रकृति, समाज और इतिहास की अनेक छवियों के जरिये मानव संवेदना का विस्तार परिलक्षित होता है। उनकी कविताओं में माँ का प्रतीक व्यापक मानवता का वृत है। इस संग्रह में कवि ने जीवन के हर भाव को पिरोया है। कवि की सौंदर्य दृष्टि जहां भी पहुंचती है, कुछ ऐसा जरूर ढूढ़ लेती है जो आत्मा की खुराक बन सके। कवि की कल्पना ने सूरज-चांद, अम्बर-धरती, भोर-सांझ की मोहकता को बड़े सुन्दर बिंबों से सजाया है :-

नीला अंबर लेता करवट,

बौराई, मदहोशी में ढलती सांझ . . .

कवि के दाम्पत्य रूपी पौधे के फूलों की खुशबू किस तरह बिखरी है :-

आज भी फिर बरसों बाद,

रिश्ता पौधे सा, हर दिन केवल देख –

रेख दुलार में पलता

बहार आई थी कल भी

बहार आई है अभी - अभी,

यह तुम्हारा मुस्कुराना,

उसी की आहट है,

तुम्हें खबर है!

कवि के हृदय में दीन - हीन और शोषित वर्ग के लिए संवेदनाजन्य अनुभूति है :-

तभी मुझे बचपन का

झल्लू नौकर याद आया।

सामने था उसका मायूस चेहरा

अवसाद से भरा था भरमाया।

कराहता दर्द से जो एक डग भरता।

रचनाकार की रचनाओं में कहीं राजधानी दिल्ली के प्रति व्यंग्य है, तो कहीं सत्ता की कुर्सी और ठाठ - बाट की काली तस्वीर है।

भारत तेरी दिल्ली,

है एक मोटी बिल्ली।

नेता सत्ता - सीढ़ी चढ़ता

चौपाल - बैठक को,

टिकट मिलते ही,

भीड़ में बदलता।

मां के प्रति स्नेह से पगी शीर्षक कविता पढ़ते हुए आंखों के सामने कवि के बचपन का दृश्य जीवंत हो जाता है :-

मैं दही बिलोता,

वो आटा पीसती,

इस शोर में भी,

था एक तारतम्य,

एक तादात्म्य।

मैं चुप रह सुनता,

जब मां कुछ कहती।

इस काव्य संग्रह से 'जब मां कुछ कहती' कविता का राजीव गांधी विश्वविद्यालय अरुणाचल प्रदेश में पाठ्यक्रम में शामिल किया जाना इस रचना के उत्तम रचना होने का प्रमाण है।

महिला, तुम हो सबला

दूध भी तुम से, पूत भी तुमसे

हर एक सिकन्दर, जन्मा तुम्हारा,

संस्कृति की तुम हो आधार,

नारी शक्ति और नारी चेतना का ऐसा संदेश हिन्दी काव्य साहित्य में मुझे पहली बार पढ़ने को मिला है। नारी को उसकी अपनी माँ स्वरुपा शक्ति को पहचानने और उस शक्ति के प्रति सचेत होने का यह संदेश है। 'हे महिला,तुम हो सबला' की रचना, दुनिया की आधी आबादी के लिए प्रेरणास्रोत है। ऐसी रचना भारतीय प्रवासी साहित्यकार रामा तक्षक को अग्रणी श्रेणी में ला खड़ा करती है।

रचनाकार परदेस में रहते हुए भी अपनी मातृभूमि को याद कर किस प्रकार गौरवान्वित होते हैं, यह उनकी रचनाओं में सहज ही दृष्टिगोचर होता है। संग्रह की एकाधिक रचनाओं में समाज में व्याप्त स्वार्थ, निर्दयता और हिंसा पर भी करारा प्रहार किया गया है। समाज की यह चिंताजनक तस्वीर कवि की दुखती रग भी है। वे समाज के प्रति अपने दायित्व को समझते हुए अपनी रचनाओं के माध्यम से समाज की सोई हुई आत्मा को झकझोरने का प्रयास करते हैं। प्रवासी भारतीय रचनाकार रामा तक्षक की यह पुस्तक एक प्रतिनिधि रचनाकार के सृजन का प्रेरणाप्रद एवम् रुचिकर काव्य-संग्रह है।

पुस्तक : जब मां कुछ कहती मैं चुप रह सुनता

रचनाकार : रामा तक्षक

प्रकाशक : आईसेक्ट प्रकाशन, भोपाल

मूल्य : 250 रुपये

- उर्मिला सिंह

****

फिल्म समीक्षा-1

'तानाजी-द अनसंग वारियर' फिल्म की समीक्षा

'गढ़ आला पण सिंह गेला' यानी किला तो मिल गया लेकिन शेर चला गया। बताया जाता है कि 1670 में हुए सिंहगढ़ युद्ध के दौरान, जब छत्रपति शिवाजी को कोंढाणा के किले पर कब्जे और सूबेदार तानाजी मालुसरे की मृत्यु की सूचना दी गई तो उनके मुंह से यही शब्द निकले थे. अपने विश्वसनीय योद्धा और मित्र के लिए कहे गए उनके ये शब्द इतने लोकप्रिय हुए कि अब कहावत की तरह इस्तेमाल किए जाते हैं।

इतिहास की किताबें भी कहती हैं कि मुगलों ने जब दक्षिण भारत तक अपना साम्राज्य फैलाने की कोशिश की तो शिवाजी ने जिन मराठा योद्धाओं के दम पर उन्हें रोका, तानाजी उनमें से सबसे महत्वपूर्ण सिपहसालार थे। 'तानाजी – द अनसंग वॉरियर' इन्ही तानाजी मालुसरे की आखिरी मुहीम का किस्सा दिखाती है. इसमें उन्होंने मुगलों द्वारा भेजे गए एक राजपूत सेनापति पर चढ़ाई कर, अपनी जान की क़ीमत पर कोंढाणा का किला दोबारा हासिल कर लिया था।

फिल्म की बात करने से पहले आपको बताते चलते हैं कि मराठी संस्कृति में पोवाडा गाए जाने की प्रथा है। 17वीं सदी में अस्तित्व में आया पोवाडा असल में एक तरह का लोकगीत है जिसमें ऐतिहासिक घटनाओं और योद्धाओं की शूरवीरता का बखान बड़े ओज के साथ किया जाता है। यह भी दिलचस्प है कि सबसे ज्यादा जनप्रिय पोवाडे तानाजी मालुसरे पर ही लिखे गये हैं।

यहां पर पोवाडा का जिक्र करने की वजह यह है कि 'तानाजी' की पटकथा ऐतिहासिक तथ्यों पर नहीं बल्कि किसी पोवाडे से प्रेरित होकर रची गई लगती है। यह फिल्म देखते हुए आप ज्यादातर वक्त एक्शन सीक्वेंस देखते रहते हैं, इनसे बचे वक्त में तानाजी बने अजय देवगन भगवा झंडे और स्वराज से जुड़े भारी-भरकम संवाद बोलते दिखाई देते हैं, इसके बाद भी अगर थोड़ी गुंजायश बचती है तो वहां नाच-गाना आ जाता है। ये सारे तत्व पोवाडों में भी मौजूद रहते हैं।

वैसे तो 'तानाजी' के एक्शन सीक्वेंस कमाल हैं लेकिन पटकथा में रोचकता की कमी इनका भरपूर मज़ा नहीं लेने देती है। तानाजी के किरदार का हर समय

स्वराज की बात करना भी आपको खटकता है। क्योंकि ऐतिहासिक रूप से उस दौर में स्वराज जैसी किसी विचारधारा का कोई जिक्र नहीं मिलता है। साथ ही, यह भी एक तथ्य है कि मराठे भी केवल मराठा साम्राज्य को बढ़ाने-बचाने के लिए ही मुगलों और बाकी आक्रमणकारियों से लड़े थे। इनके अलावा, भगवा झंडे को ऊपर उठाने और मुसलमान आक्रमणकारियों के आतंक की बातें भी 'तानाजी –द अनसंग वॉरियर' में इतना ज्यादा हैं कि एक वक्त बाद इन्हें गले उतारना मुश्किल लगने लगता है।

संवादों और नारों के अलावा, फिल्म के नायक-खलनायक की खासियतें भी कुछ कहती सी दिखाई देती हैं। खलनायक उदयभान की हरकतें 'पद्मावत' में रणवीर सिंह द्वारा निभाए गए खिलजी के किरदार से मिलती-जुलती लगती हैं। नदी के किनारे मगरमच्छ को रोस्ट करके खाने वाला उदयभान ज्यादातर वक्त काले कपड़ों में नज़र आता है, यह किरदार अजीब तरह के स्टेप्स के साथ नाचता है और उसकी देहबोली में एक शैतानी लचक भी दिखाई देती है। ये सब मिलकर परदे पर, मुगलिया सल्तनत के किसी राजपूत सिपहसालार की नहीं बल्कि महिषासुर-भस्मासुर जैसे किसी असुर की उपस्थिति का आभास करवाते हैं।

इसके उलट, नायक ज्यादातर वक्त भगवा और गहरे लाल (मरून) रंग के कपड़े पहने दिखाई देता है और देश-धर्म की बातें करता रहता है। हो सकता है कि फिल्मकार ने किरदारों को भव्यता देने के लिहाज से यह अति अपनाई हो। लेकिन बेवजह ठूंसे गए संवाद और अति की हद तक अच्छे-बुरे बनाए गए ये चरित्र इस बात की शंका पैदा कर देते हैं कि कहीं यह फिल्म भी राजनीतिक प्रोपगैंडा के सहारे अपनी नैय्या पार लगाने की कोशिश तो नहीं कर रही।

अभिनय की बात करें तो उदयभान बने सैफ अली खान यहां पर सबसे कमाल का काम करते हैं. वे जिस तरह के दुर्दांत खलनायक बने हैं, आज की भाषा में कहें तो बेहद स्टाइलिश और कूल नज़र आते हैं। संवाद बोलते हुए एक खास तरह का कमीनापन उनके चेहरे पर नज़र आता है जो इस किरदार को ज़रूरी भयावहता देता है। कहना चाहिए कि जिस अति के साथ इसे लिखा गया था, उसी अति के साथ सैफ ने इसे निभाया भी है और इसके लिए उनकी खूब-खूब तारीफ होनी चाहिए।

नायक अजय देवगन पर आएं तो वे 'तानाजी – द अनसंग वॉरियर' में 17वीं सदी के एंग्रीयंग मैन लगते हैं। इसमें एक्शन करते हुए तो उन्होंने कमाल किया है लेकिन जहां पर उन्हें एक सेनानायक की तरह लोगों को संबोधित करना था, वहां उनकी संवाद अदायगी थोड़ी कमजोर लगती है। कुछ भावुक करने वाले दृश्यों में वे जरूर प्रभावित करते हैं। वहीं, उनकी यानी तानाजी की पत्नी पार्वतीबाई की

भूमिका निभा रही काजोल अपनी छोटी सी भूमिका में ऐसा काम करती हैं जिसके लिए न तो तारीफ करने की जरूरत महसूस होती है और न ही बुराई करने की. शरद केलकर भी शिवाजी महाराज के किरदार में कुछ ऐसा ही काम करते हैं।

फिल्म के बाकी पक्षों की बात करें तो इसका गीत-संगीत प्रभावित करने वाला है और थिएटर से बाहर निकलने के बाद भी याद रह जाता है. साथ ही, इसकी प्रोडक्शन क्वालिटी और विजुअल इफेक्ट्स लाजवाब हैं। इस फिल्म को सत्रहवीं सदी में युद्ध में इस्तेमाल की जाने वाली कुछ कमाल की तकनीकों को जानने के लिए भी देखा जा सकता है। इसके अलावा 'तानाजी – द अनसंग वॉरियर' में विशाल किले, मंदिर और घाटियों के सेट्स बहुत बारीकी और खूबसूरती से रचे गए हैं और इन्हीं के चलते इसे थ्रीडी में देखना पैसा वसूल लगता है।

निर्देशक - ओमराउत

कलाकार - अजयदेवगन, काजोल, सैफअलीखान, शरदकेलकर

****

फिल्म समीक्षा -2

'हिन्दी मीडियम' – फिल्म की समीक्षा

भारत में अंग्रेजी और अंग्रेजी माध्यम के प्रति अंधे रुझान को फिल्म 'हिन्दी मीडियम' फिल्म में दर्शाया गया है । इस देश में टूटी-फूटी हिन्दी बोलना शान की बात मानी जाती है और कोई गलत अंग्रेजी बोला तो उसकी बौद्धिक क्षमता पर सवाल उठा दिए जाते हैं । सरकारी स्कूल में हिन्दी माध्यम में पढ़े-लिखे माता-पिता भी पूरी कोशिश करते हैं कि उनकी संतान महंगे स्कूल और अंग्रेजी माध्यम में पढ़ाई करे । कई माता-पिताओं का सीना तो उस समय गर्व से चौड़ा हो जाता है, जब उनकी संतान मेहमानों के सामने अंग्रेजी में कविता सुना देती है ।

दिल्ली में रहने वाले एक अच्छे खाते-पीते परिवार की कहानी के जरिये लेखक और निर्देशक साकेत चौधरी ने दिखाया है कि 'अंग्रेजी' बोलने वालों को 'क्लासी' माना जाता है और हिंदी बोलने वालों को दोयम दर्जा दिया जाता है। मीता (सबा कमर) और उसका पति राज बत्रा (इरफान खान) दिल्ली में चांदनी चौक में रहते हैं। राज की कपड़ों की बड़ी दुकान है। बीएमडब्ल्यू में घूमता है। सब कुछ होने के बावजूद मीता इसलिए परेशान रहती है कि उसके पति की अंग्रेजी अच्छी नहीं है। इस कारण वो 'क्लास' लोगों में उठने-बैठने में असहज महसूस करती है।

राज और मीता की बेटी पिया अब स्कूल जाने लायक हो गई है। मीता चाहती है कि उसकी बेटी दिल्ली के टॉप पांच स्कूल में से किसी एक में दाखिला ले। स्कूल में इंटरव्यू के पहले पिया के साथ-साथ राज और मीता की भी ट्रेनिंग होती है क्योंकि

माता-पिता से भी सवाल पूछे जाते हैं। चार स्कूलों में पिया का एडमिशन नहीं हो पाता। आखिर में एक स्कूल बचता है, जहां एडमिशन फॉर्म के लिए ही रात में लोग लाइन में लग जाते हैं। इस स्कूल में सिफारिश भी नहीं चलती।

राज को पता चलता है कि राइट टू एज्युकेशन के तहत गरीब बच्चों के लिए कुछ सीटें आरक्षित है। वह गरीब होने के कागजात जुटा लेता है। जब पता चलता है कि स्कूल वाले घर देखने आएंगे तो वह अपनी पत्नी और बेटी के साथ एक गरीब बस्ती में शिफ्ट हो जाता है। इसके बाद कई हास्यास्पद परिस्थितियां जन्म लेती हैं। अमीर-गरीब लोगों के व्यवहार में अंतर को वह और उसकी पत्नी करीब से महसूस करते हैं।

फिल्म इस बात को बारीकी से उठाती है कि अंग्रेजी माध्यम और महंगे स्कूलों की होड़ में माता-पिता बिना सोचे-समझे शामिल हो जाते हैं, मानो इन स्कूलों में दाखिला होते ही उनके बच्चे बड़े आदमी बन जाएंगे। वे इसके लिए किसी भी हद तक जा सकते हैं। यह स्टेटस सिंबल का भी प्रतीक होता है। साथ ही अंग्रेजी न आने पर हीन भावना से ग्रसित होने की मनोदशा को भी
फिल्म में व्यंग्यात्मक तरीके से दर्शाया गया है।

स्क्रिप्ट में इस बात का ध्यान रखा गया है कि संदेश के साथ-साथ मनोरंजन भी हो। पहले हाफ में कई मनोरंजक दृश्य फिल्म में नजर आते हैं। संवाद भी गुदगुदाते हैं। दूसरे हाफ में फिल्म थोड़ा गंभीर होती है क्योंकि यह विषय की मांग भी थी। क्लाइमैक्स ठीक है और इससे बेहतर कुछ हो भी नहीं सकता था।

अंग्रेजी और अंग्रेजी माध्यम के प्रति पैरेंट्स के मोह को दिखाया गया है, शिक्षण व्यवस्था के व्यावसायिक होने पर भी फिल्म सवाल उठाती है, लेकिन ये सारी बातें सभी जानते हैं। न चाहते हुए भी लोगों की अंग्रेजी सीखना और अंग्रेजी माध्यम में पढ़ना मजबूरी है क्योंकि अधिकांश अच्छी नौकरियां आपके अंग्रेजी ज्ञान के आधार पर ही मिलती है। अच्छा होता यदि फिल्म इस बात को भी दिखाती कि क्यों अंग्रेजी को भारत में इतना महत्व दिया जाता है? क्यों अंग्रेजी बोलने वाले को ज्यादा विद्वान माना जाता है?

साकेत चौधरी का निर्देशन अच्छा है। उन्होंने कलाकारों से बेहतरीन अभिनय करवाया है और अपने प्रस्तुतिकरण के जरिये अच्छा माहौल बनाया है। फिल्म को मनोरंजक बनाते हुए उपदेशात्मक होने से बचाया है। अच्छा होता यदि फिल्म के अंत में दिखाए गए टाइटल हिंदी में होते।

फिल्म बेहतरीन कलाकारों से सजी हुई है। इरफान खान कितने बेहतरीन अभिनेता हैं यह बताने की जरूरत नहीं है। उन्होंने अपने अभिनय से दर्शकों को

हंसाया है। पति पर प्रभुत्व जमाने वाली और अपनी बेटी को किसी अच्छे स्कूल में दाखिला दिलाने वाली मां के रूप में सबा कमर का अभिनय कहीं भी इरफान से कम नहीं है। अपनी बॉडी लैंग्वेज का उन्होंने खूब उपयोग किया है। गरीब आदमी कैसा होता है यह बताने में दीपक डोब्रियाल ने कोई कसर नहीं छोड़ी है। इंटरवल के बाद वे आते हैं और छा जाते हैं। अमृता सिंह का रोल ठीक से लिखा नहीं गया है। संजय सूरी, नेहा धूपिया, राजेश शर्मा छोटे-छोटे रोल में प्रभावित करते हैं।

अमितोष नागपाल के संवाद बेहतरीन हैं। 'ये ताजा-ताजा गरीब बना है‘, 'हम तो खानदानी गरीब हैं‘, जैसे कई संवाद दाद देने लायक हैं। 'हिंदी मीडियम' अंग्रेजी बोलने वालों और न बोलने वाले के बीच के अंतर और शिक्षा व्यवस्था पर सवाल खड़े करती है। अच्छा होता यदि विषय की और गहराई में जाया जाता। बावजूद इसके यह फिल्म एक बार देखने लायक है।

बैनर : टी-सीरिज़ सुपर कैसेट्स इंडस्ट्री लि., मैडॉक फिल्म्स

निर्माता : भूषण कुमार, दिनेश विजन, कृष्ण कुमार

निर्देशक : साकेत चौधरी

संगीत : सचिन जिगर

कलाकार : इरफान, सबा कमर, दीपक डोब्रियाल, अमृता सिंह, संजय सूरी, नेहा धूपिया, दीक्षिता सहगल

****

16

कम्प्यूटर अनुप्रयोग (Computer Application)

परिभाषा :

कंप्यूटर एक बहुत पावरफुल मशीन है । कंप्यूटर एक इलेक्ट्रानिक मशीन है जो, बहुत ही सटीक, तेज और सही जानकारी उपलब्ध कराता है । वर्तमान में कम्प्यूटर का प्रयोग जीवन के लगभग सभी क्षेत्रों में किया जा रहा है। शायद ही कोई ऐसा क्षेत्र हो जहाँ कंप्यूटर का प्रयोग नहीं किया जा रहा हो । इस कारण कंप्यूटर आज की जरुरत हो गयी है, कंप्यूटर से सभी काम आसान हो जाती है । आजकल कंप्यूटर का अनुप्रयोग छोटे से छोटे और बड़े से बड़े व्यवहार और निजी कार्य के लिए भी किया जा रहा है । इसके आगमन से व्यापार और आदमी की ज़िंदगी में बहुत परिवर्तन हुआ है और देश और दुनिया में विकास बहुत तेजी से होने लगा है । इसके अनुप्रयोग से वैज्ञानिक और तकनीक के क्षेत्र में क्रांतिकारी परिवर्तन हो रहे हैं और सारी दुनिया एक गाँव के रूप में बदल गया है । छोटे से लेकर सभी बड़े व्यापारी कंप्यूटर से ही अपना काम करते है, हिसाब किताब सभी कंप्यूटर से हो रही है । निम्नलिखित क्षेत्रों में कंप्यूटर का विभिन्न अनुप्रयोग किया जा रहा है - कम्प्यूटर का प्रयोग विभिन्न क्षेत्रों में किया जा रहा है। वर्तमान में शायद ही कोई ऐसा क्षेत्र हो जहां पर कम्प्यूटर का प्रयोग न किया जा रहा हो।

कंप्यूटर अनुप्रयोग के विविध क्षेत्र

1. डाटा प्रोसेसिंग (Data processing):

बड़ें और विशाल पैमाने पर डाटा प्रोसेसिंग (Data processing) करने के लिये और सूचना तैयार करने के लिये कम्प्यूटर का प्रयोग किया जाता है इससे डाटा इकठ्ठा करना उसका विश्लेशण करना और सूचना प्राप्त करना बहुत आसान हो जाता है।

2. शिक्षा(Education) :

कम्प्यूटर ने आधुनिक शिक्षा की तस्वीर ही बदल दी है, आज इन्टरनेट के मध्यम से हम किसी भी विषय की जानकारी कुछ ही क्षणों में प्राप्त कर सकते हैं । कंप्यूटर के आ जाने के बाद शिक्षा के क्षेत्र में पढ़ने और पढ़ाने का पूरी तरह बदल गया है । स्कूल और कॉलेज विश्वविद्यालय और शिक्षा संस्थान कंप्यूटर इंटरनेट से जुड़ने के कारण वर्तमान में शिक्षा प्राप्त करना बहुत ही आसान हो गया है । स्कूल, कालेज, और विश्वविद्यालय के सभी छात्रों के डाटा होते हैं उसका रिकार्ड को संजोये रखने के लिए कंप्यूटर का उपयोग व्यापक पैमाने पर किया जा रहा है इस कारण से छात्रों की पढ़ाई से संबंधित मूल्यांकन आदि कार्य बहुत आसानी से किया जा रहा है । शिक्षा के क्षेत्र में कम्प्यूटर का अनुप्रयोग बहुत बढ़ गया है। आज शिक्षा के चैत्र में कंप्यूटर जरुरी हो गया हैं । आज मल्टीमीडिया (Multinedia) के विकास और कम्प्यूटर आधारित शिक्षा ने इसे विध्यार्थी के लिए उपयोगी बना दिया है। डिजिटल लाइब्रेरी ने पुस्तक की सर्वसुलभता सुनिश्चित की है। कंप्यूटर, स्मार्टफोन और इंटरनेट की सहायता से आनलाईन भी बहुत ही आसानी से शिक्षा संबंधी जानकारी प्राप्त कर सकते हैं । किसी विषय से संबंधित जानकारी को कंप्यूटर इंटरनेट के माध्यम से तुरंत और बहुत सरल तरीके से प्राप्त कर सकते हैं ।

3. वैज्ञानिकअनुसंधान(Scientific Research) :

विज्ञान के अनेक जटिल रहस्यों को सुलझाने में कम्प्यूटर सहायता ली जा रही है। कम्प्यूटर में परिस्थितियोंका का उचित आकलन भी संभव हो पाता है। जिस युग में हम जी रहते है वह कंप्यूटर का प्रयोग बहुत होता है । आज वैज्ञानिक सभी आविष्कार से लेकर सभी प्रयोगों में कंप्यूटर का प्रयोग की जा रही है । रॉकेट को लॉन्च भी कंप्यूटर की मदद से की जाती है । शरीर के अंदर के रोगों का पता लगाने उनका विश्लेषण और चिकत्सा में कम्प्यूटर का विस्तृत प्रयोग हो रहा है। सीटी स्कैन, अल्ट्रासाउंड एक्सरे, एमआरआई तथा विभिन्न जांचों में कम्प्यूटर का प्रयोग ।

4.सूचनाओंकाआदान-प्रदान(Exchange of Information) :

भंडारण की विभिन्न पद्धतियों के विकास और कम स्थान घेरने के कारण कम्प्यूटर सूचनाओं के आदान-प्रदान के श्रेष्ठ माध्यम सिद्ध हो रहे हैं । इंटरनेट

(Intenet) के विकास ने तो इसे 'सूचना का राजमार्ग (Information Highway) बना दिया है । आज हम कंप्यूटर से सूचनाओं का अदन प्रदान करते हैं । किसी को सन्देश भेजना है तो कंप्यूटर ।

5.बैंक(Bank) :

बैंकिंग क्षेत्र में तो कम्प्यूटर के उपयोग ने क्रांति ही ला दी है, पुराने जमाने के बही खाते और रजिस्टर की जगह कंप्यूटर ने ले ली है । बैंकों के अधिकांश कार्य कम्प्यूटर के माध्यम से ही हो रहे हैं जैसे पैसे निकालना और जमा करना, यहां तक कि रूपया गिनने के लिये भी कंम्यूटरीकृत मशीने उपलब्ध हैं। कंप्यूटर के उपयोग से वित्तीय लेनदेन करना बहुत ही सरल एवं आसान हो गया है । कंप्यूटर के आने के बाद समय का बचाव और सुरक्षा कारगर साबित हुआ है । कम्प्यूटर के अनुप्रयोग के कारण बैंकिंग क्षेत्र में क्रान्ति हुई है। एटीएम (ATM Automatic Teller Machine) तथा ऑनलाइन बैंकिंग चेक के भुगतान, रुपया गिनना तथा पासबुक इंट्री आदि कम्प्यूटर से होता है ।

6.अंतरिक्षप्रौद्योगिकी(Space Technology):

कम्प्यूटर के तीव्र गणना क्षमता के कारण ही ग्रहों, उपग्रहों और अंतरिक्ष की घटनाओं का सूक्ष्म अध्ययन किया जा सकता है। कृत्रिम उपग्रहों में भी कंप्यूटर का प्रयोग हो रहा हैं । मानव ही अंतरिक्ष यात्रा एवं प्रवास की परिकल्पना कम्प्यूटर पर ही आधारित हैं । बिना कम्प्यूटर के प्रयोग के अंतरिक्ष यात्राओं संभव नहीं है ।

7. संचार(Communication):

आधुनिक संचार व्यवस्था कम्प्यूटर के प्रयोग के बिना संभव नहीं है। टेलीफोन और इंटरनेट संचार क्रान्ति को जन्म दिया है। तंतु प्रकाशिकी संचरण में कंप्यूटर का प्रयोग किया जाता है। कंप्यूटर से कम्युनिकेट करना अर्थात संचार करना आसान हुआ है । 4 जी इंटरनेट को आज बच्चा-बच्चा प्रयोग कर रहा है कंप्यूटर तकनीक ने ही संचार के क्षेत्र में इन्टरनेट के प्रयोग को अम्भव बनाया है और इन्टरनेट ने संचार क्रांति को जन्म दिया। कंप्यूटर के माध्यम से आजकल वीडियो कान्फ्रेंसिंग के द्वारा किसी भी सेमिनार में भाग ले सकते हैं । कंप्यूटर का संचार के रूप में वीडियो कान्फ्रेंसिंग, ईमेलिंग, चाटिंग और वीडियो शेरिंग आदि कार्यों में उपयोग किया जाता है ।

8. मनोरंजन(Recreation):

मल्टीमिडिया के प्रयोग ने तो कम्प्यूटर को बहुयामी बना दिया है, कम्प्यूटर का प्रायः सिनेमा, टेलीविजन, वीडियो गेम खेलने के लिये भी किया जाता है । सिनेमा, टेलीविजन कार्यक्रम वीडियो गेम में कम्प्यूटर का उपयोग कर प्रभावी

मनोर प्रस्तुत किया जा रहा है। मल्टीमीडिया के प्रयोग ने कंप्यूटर को मनोरंजन का श्रेष्ठ साधन बना दिया है । कंप्यूटर के माध्यम से हम आज गेम खेल सकते है, सभी जगह कंप्यूटर मनोरंजन का सबसे अच्छा तरीका बन गया है ।पहले के जमाने में केवल रेडियो ही मनोरंजन का माध्याम हुआ करता था लेकिन आजकल कंप्यूटर के अनुप्रयोग मनोरंजन के क्षेत्र में प्रयुक्त हो रहा है और वीडियो, गाना, आडियोम को सुनना सुलभ हुआ है ।

9.डिजिटलपुस्तकालय(Digital Library) :

पुस्तकों को अंकीय स्वरूप प्रदान कर उन्हें अत्यंत कम स्थान में अधिक समय के लिए सुरक्षित रखा जा सकता है। इसे इंटरनेट से जोड़ने पर किसी भी स्थान से पुस्तकालय में संग्रहित सूचना को प्राप्त किया जा सकता है। प्रकाशन और छपाई में कम्प्यूटर का प्रयोग इसे सुविधाजनक तथा आकर्षक बनाता है। रेखाचित्रों और ग्राफ का निर्माण अब सुविधाजनक हो गया है।

10. प्रशासन(Governance):

हर एक संस्थान में अपना एक आंतरिक प्रशासन होता है और प्रशासनिक कार्य आजकल कम्प्यूटर से ही किये जाने कारण प्रशासनिक क्षेत्र में बहुत परिवर्तन हुआ है । सी.सी.टी.वी कैमरा को कंप्यूटर के माध्यम से जोड़कर प्रशासन की देखभाल करना आसान हुआ है और प्रशासन को बेहतर बनाने में यह सहायक सिद्ध हुआ है । एरोप्लेन के लोकेश को ट्रैक करने, रेलवे सिस्टम ट्रैक करने और सीमा सुरक्षा को मजबूत करने जैसे प्रशासनिक कार्यों में कंप्यूटर का अनुप्रयोग किया जा रहा है । साथ ही साथ सरकारी योजनओं का लाभ भी ई-शासन (E-governance) के रूप में आज जनों के घरा तक प रहा है । प्रशासनिक प्रक्रिया को मजबूत और बेहतर बनाने के लिए कंप्यूटर का अनुप्रयोग किया जा रहा है ।

11. सुरक्षा(Security) :

आज बिना कम्प्यूटर के हमारी सुरक्षा व्यवस्था बिलकुल कमजोर हो जाएगी। एयरक्राफ्ट ट्रैक करने में, हवाई हमल, सी.सी.टी.वी. कैमरे में कम्प्यूटर का उपयोग होता है । रक्षा अनुसंधान, वायुयान नियंत्रण मिसाइलरडार आदि में कम्प्यूटर का प्रयोग किया जा रहा है। कम्प्यूटर के प्रयोग ने रक्षा क्षेत्र को चाक-चौबन्द कर दिया है।

12.उधोगवव्यापार (Industry& Business) :

उधोगो में कंप्यूटर के अनुप्रयोग से कार्य करता है, अतः में कम्प्यूटर के अनुप्रयोग से बेहतर गुणवत्ता वाली वस्तुओं उत्पादन संभव हो पाया है। व्यापार में कार्यो एवं स्टॉक मार्केट का लेखा-जोखा रखने से कम्प्यूटर सहयोगी सिद्ध

हुआ है। बहुत सारे औधोगिक संस्थान;जैसे– स्टील, कैमिकल, तेल कंपनी आदि कम्प्यूटर पर निर्भर हैं । संयंत्र प्रक्रियाओं के वास्तविक नियंत्रण के लिए भी कम्प्यूटर का उपयोग करते हैं । दुकान, बैंक, बीमा, क्रेडिट कंपनी, आदि में कम्प्यूटर का अधिकतम उपयोग होता है । कम्प्यूटर के बिना काम करना वितीय दुनिया के लिए असंभव हो गया है ।

13. चिकित्सा(Medicine) :

चिकित्सा के क्षेत्र में कम्प्यूटर का अनुप्रयोग विभिन्न शारीरिक रोगों का पता लगाने के लिए किया जाता है, रोगों का विश्लेषण और निदान भी कम्प्यूटर के द्वारा संभव है, आधुनिक युग में एक्स रे, सिटी स्कैन, अल्ट्रासाउंड इत्यादि विभिन्न क्षेत्र में कम्प्यूटर का व्यापक उपयोग हो रहा है । कम्प्यूटर की सहायता से किसी भी स्थान से अन्य स्थानों के वायुयान और रेलवे के टिकट बुक किए जा सकते हैं। ट्रैन या वायुयान के live detail कंप्यूटर की सहायता की जा सकता हैं ।

****

17

पत्र लेखन (Letter Writing)

परिभाषा:

पत्र लेखन मानव सभ्यता के विकास की एक महत्वपूर्ण साधन है । आदमी सामाजिक प्राणी होने के कारण वह अपने सुख-दुख दूसरों में बाँटना चाहता है । जब कोई प्रिय व्यक्ति उसके पास होता है तब मौखिक रूप से अभिव्यक्त करता है । लेकिन वह व्यक्ति दूर होता है तब वह पत्रों के माध्यम से अपनी बातों को व्यक्त करता है और उसकी बातें जान पाता है । पत्र वास्तव में मनुष्य के विचारों के आदान-प्रदान का अत्यंत सरल और सशक्त माध्यम है । जिसके माध्यम से दो व्यक्ति या दो व्यापारी जो एक दूसरे से काफी दूरी पर स्थित हो, परस्पर एक दूसरे को विभिन्न कार्यों अथवा सूचनाओं के लिए पत्र लिखते हो उसे पत्र लेखन मानते हैं। पत्र लेखन वास्तव में एक कला है । इस कला को बहुत मेहनत और प्रयास से ही प्राप्त होती है । 'पत्र' शब्द अखबार, पत्रिकाएँ आदि के संदर्भ में भी प्रयुक्त होता है । मगर जब व्यक्ति किसी दूसरे व्यक्ति के पास कोई प्रत्यक्ष संदेश भेजता है तो उसे पत्र कहते हैं । सही और रचनात्मक ढंग से लिखा गया पत्र निश्चित रूप से न केवल हमारा प्रभाव बढ़ाता है बल्कि हमारे व्यक्तित्व की छाप भी पाठक पर अवश्य छोड़ता है ।

पत्र लेखन का कार्य पारिवारिक जीवन से लेकर व्यापारिक जगत तक प्रयोग में लाया जाता है। पत्र लेखन का कार्य अत्यंत प्रभावशाली होता है, क्योंकि इस साधन के द्वारा अनेकों लोगो से संपर्क स्थापित करने में भी सुविधा रहती है।आजकल दूर-दूर रहने वाले सगे संबंधियों व व्यापारियों को आपस में एक दूसरे के साथ मेल

जोल रखने एवं संबंध रखने की आवश्यकता पड़ती है, इस कार्य में पत्र लेखन एक महत्वपूर्ण भूमिका निभाता है। निजी अथवा व्यापारिक सूचनाओं को प्राप्त करने तथा भेजने के लिए पत्र व्यवहार विषय कारगर है।

वर्तमान व्यावसायिक क्षेत्र में ग्राहकों को माल के प्रति संतुष्टि देने हेतु, व्यापार की ख्याति बढ़ाने हेतु, व्यवसाय का विकास करने हेतु इत्यादि अनेक कार्यों में पत्र व्यवहार का विशेष महत्व है। प्रेम, क्रोध, जिज्ञासा, प्रार्थना, आदेश, निमंत्रण आदि अनेक भावों को व्यक्त करने के लिए पत्र लेखन का सहारा लिया जाता है। पत्रों के माध्यम से संदेश भेजने में पत्र में लिखित सूचना पूर्व रूप से गोपनीय रखी जाती है। पत्र को भेजने वाला तथा पत्र प्राप्त करने वाले के आलावा किसी भी अन्य व्यक्ति को पत्र में लिखित संदेश पड़ने का अधिकार नहीं होता है। मित्र, शिक्षक, छात्र, व्यापारी, प्रबंधक, ग्राहक व अन्य समस्त सामान्य व्यक्तियों व विशेष व्यक्तियों से सूचना अथवा संदेश देने तथा लेने के लिए पत्र लेखन का प्रयोग किया जाता है।

- अनौपचारिक पत्र (Informal letter)
- औपचारिक पत्र (Formal letter)

1.अनौपचारिक पत्र(Informal letter)

जिन लोगों के साथ हमारा व्यक्तिगत संबंध होता है, उनके साथ किया जाने वाला पत्राचार अनौपचारिक पत्रों की श्रेणी में रखा जाता है। ऐसे पत्रों में व्यक्तिगत सुख-दुःख का ब्यौरा भी प्रस्तुत किया जाता है। ये पत्र अपने परिवार के लोगों मित्रों और निकट संबंधियों को लिखे जाते हैं।

अनौपचारिकपत्रकेभाग

1. प्रेषक का पता अनौपचारिक पत्र लिखते समय सर्वप्रथम प्रेषक का पता लिखा जाता है। यह पता पत्र के बायीं ओर लिखा जाता है।
2. तिथि-दिनांक प्रेषक के पते के ठीक नीचे बायीं ओर तिथि लिखी जाती है। यह तिथि उसी दिवस की होनी चाहिए, जब पत्र लिखा जा रहा है।
3. सम्बोधन तिथि के बाद जिसे पत्र लिखा जा रहा है उसे सम्बोधित किया जाता है। सम्बोधन का अर्थ है किसी व्यक्ति को पुकारने के लिए प्रयुक्त शब्द। सम्बोधन के लिए प्रिय, पूज्य, स्नेहिल, आदरणीय आदि सूचक शब्दों का प्रयोग किया जाता है।

4. अभिवादन सम्बोधन के बाद नमस्कार, सादर चरण-स्पर्श आदि रूप में अभिवादन लिखा जाता है।

5. विषय-वस्तु अभिवादन के बाद मूल विषय-वस्तु को क्रम से लिखा जाता है। जहाँ तक सम्भव हो अपनी बात को छोटे-छोटे परिच्छेदों में लिखने का प्रयास करना चाहिए।

6. स्वनिर्देश/अभिनिवेदन इसके अन्तर्गत प्रसंगानुसार 'आपका', 'भवदीय', 'शुभाकांक्षी' आदि शब्दों का प्रयोग किया जाता है।

7. हस्ताक्षर पत्र में अभिनिवेदन के पश्चात् अपना नाम लिखा जाता है अथवा हस्ताक्षर किए जाते हैं।

2. औपचारिक पत्र (Formal Letter)

सरकारी तथा व्यावसायिक कार्यों से संबंध रखने वाले पत्र औपचारिक पत्रों के अन्तर्गत आते है। इसके अतिरिक्त इन पत्रों के अन्तर्गत निम्नलिखित पत्रों को भी शामिल किया जाता है।जिन लोगों के साथ हमारा कोई निजी परिचय नहीं होता है, उनके साथ किया जाने वाला पत्राचार औपचारिक पत्रों की श्रेणी में रखा जाता है। ऐसे पत्रों में व्यक्तिगत लगाव या आत्मीयता गौण होती है। इनमें तथ्यों और सूचनाओं को ही अधिक महत्त्व दिया जाता है। इस वर्ग में निम्नलिखित पत्र शामिल किये जाते है:-

- आवेदन पत्र (Request Letter)
- व्यावसायिक पत्र (Business Letter)
- सरकारी पत्र (Official Letter)

औपचारिकपत्रकाप्रारूप-

1. औपचारिक पत्र लिखने की शुरुआत बाईं ओर से की जाती है। सर्वप्रथम **'सेवामें'** शब्द लिखकर, पत्र पाने वाले का नाम लिखकर, पाने वाले के लिए उचित सम्बोधन का प्रयोग किया जाता है। जैसे – **श्रीमान, मान्यवर,** आदरणीय आदि।

2. इसके बाद पत्र पर पत्र पाने वाले का "पता/ कंपनीकानाम" लिखा जाता है।

3. तत्पश्चात पत्र जिस उद्देश्य के लिए लिखा जा रहा हो उसका "**विषय**" लिखा जाना आवश्यक है।

4. विषय लिखने के बाद एक बार फिर पत्र पाने वाले के लिए सम्बोधन शब्द का प्रयोग किया जाता है।

5. सम्बोधन लिखे के बाद, पत्र के मुख्य विषय का विस्तृत में वर्णन किया जाता है।

6. मुख्य विषय का अंत करते समय उत्तर कि प्रतीक्षा में, सधन्यवाद, शेष कुशल आदि का प्रयोग किया जाना चाहिए।

7. इसके बाद पत्र के अंतिम भाग में "भवदीय, आपकाआभारी, आपकाआज्ञाकारी" इत्यादि शब्द लिखे जाने चाहिए।

8. पत्र भेजने वाले का "नाम/कंपनीकानाम, पता ,दिनांक" लिखते है।

9. अंत में पत्र लिखने वाले के हस्ताक्षर किए जाते है।

(क) आवेदन पत्र (Request Letter):

किसी अधिकारी को लिखा जाने वाला पत्र 'आवेदन-पत्र' कहलाता हैं। आवेदन-पत्र में अपनी स्थिति से अधिकारी को अवगत कराते हुए अपेक्षित सहायता अथवा अनुकूल कार्यवाही हेतु प्रार्थना की जाती हैं। आवेदन-पत्र पूरी तरह से औपचारिक होता हैं, अतः इसे लिखते समय कुछ मुख्य बातों का ध्यान रखना चाहिए। जैसे- आवेदन-पत्र लिखते समय सबसे पहले ध्यान देने वाली जो बात हैं, वह यह हैं कि इसमें विनम्रता एवं अधिकारी के सम्मान का निर्वाह आवश्यक होता हैं। इसके अतिरिक्त इसकी शब्द-योजना एवं वाक्य-रचना सरल तथा बोधगम्य होनी चाहिए।

आवेदन-पत्रकेमुख्यभाग

(1) प्रेषककापता- आवेदन पत्र लिखते समय सबसे ऊपर बायीं ओर पत्र भेजने वाले का पता लिखा जाता हैं।

(2) तिथि/दिनांक- प्रेषक के पते ठीक नीचे बायीं ओर जिस दिन पत्र लिखा जा रहा हैं उस दिन की दिनांक लिखी जाती हैं।

(3) पत्रप्राप्तकरनेवालेकापता- दिनांक अंकित करने के पश्चात् 'सेवा में' लिखकर जिसे पत्र भेजा जा रहा हैं उस अधिकारी का पद, कार्यालय का नाम, विभाग तथा स्थान लिखा जाता हैं।

(4) विषय- पता लिखने के पश्चात् विषय लिखकर इसके अन्तर्गत पत्र के मूल विषय को संक्षिप्त में लिखा जाता हैं।

(5) सम्बोधन- विषय के बाद में महोदय, आदरणीय, मान्यवर, माननीय आदि सम्बोधन का प्रयोग किया जाता हैं।

(6) विषय-वस्तु- सम्बोधन के बाद 'सविनय निवेदन यह हैं कि...... अथवा 'सादर निवेदन हैं कि .....' जैसे वाक्य से पत्र प्रारम्भ किया जाता। पत्र के इस मूल भाग में यदि कई बातों का उल्लेख किया जाता हैं, तो उसे अलग-अलग अनुच्छेद में लिखना चाहिए। मूल भाग अथवा विषय वस्तु का अन्त आभार सूचक वाक्य से किया जाता हैं; जैसे- 'मैं सदा आपका आभारी रहूँगा' आदि।

(7) अभिवादनकेसाथसमाप्ति- पत्र के मूल-विषय को लिखने के पश्चात् धन्यवाद लिखकर पत्र को समाप्त किया जाता हैं।

(8) अभिनिवेदन- आवेदन-पत्र के अन्त में बायीं ओर भवदीय, प्रार्थी, आपका आज्ञाकारी जैसे शिष्टतासूचक शब्द लिखकर तथा अपना नाम आदि लिखकर पत्र की समाप्ति की जाती हैं।

आवेदन-पत्रकेप्रकार

आवेदन-पत्रों में किसी विषय अथवा समस्या को लेकर प्रार्थना की गई होती हैं। यह प्रार्थना; अवकाश प्राप्त करने से लेकर, मोहल्ले आदि की सफाई को लेकर स्वास्थ्य अधिकारी, क्षेत्र डाक-व्यवस्था सुधारने के लिए डाकपाल तक से की जा सकती हैं। अतः प्रार्थना सम्बन्धी आवेदन-पत्र लिखते समय इस बात का विशेष ध्यान रखना चाहिए कि इसमें किसी भी प्रकार की असत्य बातों का उल्लेख न हों। आवेदन-पत्र कई प्रकार के हो सकते हैं, किन्तु जो पत्र-व्यवहार में लाए जाते हैं, वे मुख्यतः चार प्रकार के हैं-

(1) विद्यार्थियोंकेप्रार्थनासम्बन्धीआवेदन-पत्रः

सामान्यतः स्कूल एवं कॉलेज के छात्र-छात्राओं द्वारा अपने अधिकारियों को लिखे जाने वाले पत्र इसी श्रेणी में आते हैं। छात्र-छात्राएँ अपने महाविद्यालय के प्राचार्य, विश्वविद्यालय के कुलपति, कुलसचिव, परीक्षा नियन्त्रक, शिक्षा सचिव, शिक्षा मन्त्री को पत्र के माध्यम से अपनी सामूहिक समस्याओं से अवगत कराते हैं।

(2) कर्मचारियोंकेआवेदन-पत्रः

आवेदन-पत्र से तात्पर्य ऐसे आवेदन-पत्रों से हैं जिन्हें एक कर्मचारी अपने अवकाश की स्वीकृति के लिए, स्थानान्तरण के लिए, किसी राशि का भुगतान करने के लिए, क्षमा-याचना के लिए, वेतन-वृद्धि के लिए, अनापत्ति प्रमाण-पत्र प्राप्त करने के लिए अथवा आवास सुविधा के लिए सम्बन्धित अधिकारी को लिखता हैं।

(3) नौकरीकेलिएआवेदन-पत्रः

नौकरी सम्बन्धी आवेदन-पत्र किसी विज्ञापन के सन्दर्भ में या ऐसे संस्थान अथवा कार्यालय जिनका आवेदन-प्रारूप पूर्व निर्धारित नहीं होता, उनमें आवेदन के लिए लिखे जाते हैं। इस लैटर अथवा पत्र में यह बताते हुए, कि मुझे ज्ञात हुआ हैं कि आपके संस्थान में ...... का पद रिक्त हैं, अथवा आपके द्वारा दिए हुए विज्ञापन के सन्दर्भ में मैं .....के पद हेतु आवेदन कर रहा हूँ। मेरी शैक्षिक योग्यता एवं कार्यानुभवों का विवरण इस पत्र के साथ संलग्न मेरे जीवन-वृत में उल्लिखित हैं।

(4) जन-साधारणकेआवेदन-पत्र:

जन-साधारण को सामन्य जीवन में अनेक समस्याओं का सामना करना पड़ता हैं। इन समस्याओं का सम्बन्ध पृथक्-पृथक् विभागों या कार्यालयों से हो सकता हैं। ऐसी समस्याओं के निवारण अथवा निराकरण के लिए सम्बन्धित अधिकारी को आवेदन-पत्र के माध्यम से प्रार्थना की जाती हैं। ऐसे पत्रों का सम्बन्ध व्यक्तिगत समस्या से भी हो सकता हैं एवं सार्वजनिक समस्या से भी। अतः हम कह सकते हैं कि ऐसे आवेदन-पत्रों की विषय-सीमा व्यापक होती हैं। बिजली, फोन, पानी, डाक-तार, स्वास्थ्य, बीमा आदि अनेक विषय ऐसे पत्रों का आधार हो सकते हैं।

छात्रसम्बन्धीआवेदन-पत्र-1

प्रधानाचार्य को चरित्र प्रमाण पत्र देने का अनुरोध करते हुए एक प्रार्थना पत्र लिखिए तथा यह भी बताइए कि उसकी आपको क्यों आवश्यकता है।

प्रेषक, दिनांक : 17 जुलाई, 2019

रमेशकुमार

नं: 3902, प्रेमा सदन

राजाजी मार्ग,

सुभाषनगर, बेंगलूरु

सेवा में,

प्रधानाचार्य महोदय

भारतीय विद्या भवन विद्यालय

महात्मा गांधी मार्ग,

बेंगलूरु

महोदय,

सविनय निवेदन है कि मैं 2015 से 20018 तक आपके विद्यालय का छात्र रहा हूँ। मैंने सीनियर सेकेंडरी परीक्षा प्रथम श्रेणी से उत्तीर्ण की थी। मैंने पढ़ाई

के अतिरिक्त वाद-विवाद प्रतियोगिताओं, नाटक, संगीत तथा अन्य सांस्कृतिक कार्यक्रमों में भी भाग लिया था। मैंने स्कूल के लिए कई ट्राफियाँ भी जीती थीं। मैं 2016-2017 में विद्यालय की फुटबाल टीम का कैप्टन भी रहा हूँ। मेरे बारे में अन्य जानकारी मेरे वर्ग आचार्य श्री बी० एन० श्रीवास्तव से आपको मिल जायेगी। मान्यवर, मुझे राष्ट्रीय मिलिटरी कॉलेज के आवेदन पत्र के साथ संलग्न करने के लिए चरित्र प्रमाण पत्र की आवश्यकता है। अतः आप से निवेदन है कि चरित्र प्रमाण पत्र यथाशीघ्र भेजने की कृपा करें।

सधन्यवाद

आपका आज्ञाकारी

रमेशकुमार

****

छात्रसम्बन्धीआवेदन-पत्र-2

अपने स्कूल के प्रधानाचार्य को प्रार्थना पत्र लिखकर खेल संबंधी कठिनाइयाँ सूचित कीजिए और उन्हें दूर करने की प्रार्थना कीजिए।

दिनांक : 6 मार्च, 2018

सेवा में

प्रधानाचार्य महोदय

शांतिसदन स्कूल नं० 2,

कुवेंपुनगर, मैसूरू.

मान्यवर

निवेदन है कि हमारा विद्यालय मैसूर के सर्वश्रेष्ठ विद्यालयों में गिना जाता है। शिक्षा के क्षेत्र में प्रसिद्ध होते हुए भी खेलों में हमारे विद्यालय की गिनती अच्छे विद्यालयों में नहीं की जाती। मैं विद्यालय का खेल-कूद कप्तान होने के नाते आपका ध्यान इस ओर आकर्षित करना चाहता हूँ।हमारे विद्यालय का क्रीडा क्षेत्र समतल नहीं है तथा वहाँ गंदगी रहती है। विद्यालय में खेलकूद का सामान भी कम है। विद्यालय का समय समाप्त होने के बाद छात्रों को खेलकूद में भाग लेने के लिए प्रोत्साहित किया जाना चाहिए तथा विभिन्न खेलों के प्रशिक्षकों द्वारा छात्रों को प्रशिक्षण दिया जाना चाहिए। यदि आपकी ओर से विद्यार्थियों को प्रोत्साहित किया गया, तो मुझे विश्वास है कि विद्यार्थी खेलकूद में भाग लेंगे और हमारे विद्यालय का नाम रोशन करेंगे।

सधन्यवाद

आपका आज्ञाकारी
कमल कांत
क्रीडा कप्तान

****

छात्रसम्बन्धीआवेदन-पत्र-2

प्रधानाचार्य को टी.सी के लिखा गया प्रार्थना पत्र-

सेवा में,

श्रीमान प्रधानाचार्य जी,

राजकीय महाविद्यालय,

मंगलूरु,

विषय:टी.सी निकालने की प्रार्थना।

महोदय,

सविनय निवेदन यह है कि मैं आपके विद्यालय का ही छात्र हूँ। मैं आपके विद्यालय की कक्षा द्वितीय बी.ए. के वर्ग में पढ़ता हूं। बीते दिनों मेरे पिताजी का ट्रान्सफर बेंगलूरु में हो गया, जिस कारण हमें सपरिवार वहां पलायित होना पड़ रहा है। श्रीमान मुझे आगे की पढ़ाई अब वहीं से करनी होगी क्यूंकि मैं यहां पर अकेले नहीं रह सकता। श्रीमान आप जानते है कि वहां पर दाखिला लेने के लिए मेरे पास टीसी (ट्रान्सफर सर्टिफिकेट) का होना अनिवार्य है। बिना टीसी के मुझे किसी भी महाविद्यालय में दाखिला नहीं मिलेगा।

कृपया मुझे टीसी देने की कृपा करें। मैं आपका आजीवन आभारी रहूँगा। बहुत बहुत धन्यवाद।

आपका आज्ञाकारी छात्र
शिवम राणा
कक्षा – बी.ए.
रोल नंबर – 34

****

कर्मचारियों के आवेदन पत्र -1

सेवा में,

राजकुमार गुप्त

कंप्यूटिंग डिपार्टमेंट का नाम

न्यू अकादमी सलुशन,

मंगलूरु -56

विषय : आवश्यक कार्य के लिए अवकाश हेतु।

महोदय,

नम्र निवेदन है कि मैं रामकुमार गुप्ता आपकी कंपनी में व्यवस्थापक के पद पर कार्य कर रहा हूँ। मैं आपको सूचित करना चाहता हूँ कि मेरी बेटी के विवाह महोत्साव के कारण 4 दिन के लिए कार्यालय में नहीं आ पाऊंगा ।

अगर मेरी अनुपस्थिति में कोई विशेष कार्य आता है तो आप मुझे मेरे मोबाइल नंबर पर संपर्क कर सकते हैं। कृपया मुझे दिनांक 20-05-2019 से 23-05-2019 तक अवकाश देने की कृपा करें। इसके लिए मैं आपका सदा आभारी रहूंगा।

धन्यवाद ।

दिनांक: 15-05-2019 भवदीय

आपका रामकुमार गुप्त
मोबाइल नंबर.............

******

नौकरीसंबंधीआवेदन-पत्र-1

सहायक अध्यापक के पद के लिए शिक्षा निदेशक के नाम आवेदन पत्र लिखिए।

प्रेषक, दिनांक : 24 जुलाई, 2020

अमित कुमार गौड

26, शांति नगर,

हासन,

सेवा में

शिक्षा निदेशक

उच्च शिक्षा विभाग

बेंगलूरु

विषय : सहायक प्राध्यापक पद के आवेदन ।

मान्यवर

पिछले सप्ताह दिनांक 10 जुलाई, 2020 आपके विभाग की ओर से 'नवभारत टाइम्स' में सहायक अध्यापक के रिक्त पदों का विज्ञापन दिया गया था। इस पद के प्रत्याशी के रूप में मैं अपना आवेदन प्रस्तुत कर रहा हूँ। अध्यापन में मेरी विशेष रुचि शुरू से ही रही है। मैं आपको विश्वास दिलाता हूँ कि आपने मुझे यदि सेवा का अवसर प्रदान किया तो मैं निष्ठा से अपना कर्तव्य पालन करूँगा। शिक्षा प्रदान करने के अलावा मैं विद्‌यार्थियों के व्यक्तिगत विकास तथा चारित्रिक विकास पर

भी पूर्ण ध्यान दूंगा।

मेरी शैक्षणिक योग्यताओं तथा अन्य उपलब्धियों का विवरण निम्नलिखित है

1. नाम – अमित कुमार गौड
2. पिता का नाम – सुरेंद्र कुमार गौड
3. जन्म तिथि – 3 जनवरी, 1998
4. शैक्षणिक योग्यता –

   i. केंद्रीय माध्यमिक शिक्षा बोर्ड से दसवीं की परीक्षा में 80 प्रतिशत अंक प्राप्त कर उत्तीर्ण की।
   ii. केंद्रीय माध्यमिक शिक्षा बोर्ड से सीनियर सेकेंडरी परीक्षा 80 प्रतिशत अंकों के साथ उत्तीर्ण की।
   iii. दिल्ली विश्वविद्यालय से बी०ए० (आनर्स) की परीक्षा में 63 प्रतिशत अंकों से पास की।
   iv. रोहतक विश्वविद्यालय से में एक वर्षीय टीचर-ट्रेनिंग कोर्स किया।

सधन्यवाद

आपका विश्वासी

(अमित कुमार गौड)

****

नौकरीसंबंधीआवेदन पत्र-2

दैनिक समाचार-पत्र में उपसंपादक के पद के लिए एक आवेदन-पत्र।

प्रेषक,

रोहन शेट्टी

478, गली नं0 4, पटेल नगर

मंगलूरु

सेवा में,

संपादक

उदयवाणी

विवेकानंद मार्ग

मणिपाल -2

विषय: उपसंपादक पद हेतु आवेदन-पत्र

महोदय

आपने अपने समाचार-पत्र के लिए उपसंपादक के पद के रिक्त स्थान के लिए 18 मार्च के समाचार-पत्र में विज्ञापन दिया था। मैं अपने को इस पद के उम्मीदवार के रूप में प्रस्तुत करना चाहता हूँ। मेरी योग्यताएँ व अन्य विवरण निम्नलिखित हैं:

नाम:

रोहन शेट्टी

पिता का नाम:

श्री किशन शेट्टी

जन्म दिनांक:

17 अगस्त, 1976

स्थायी पता:

478, गली नं0 4, पटेल नगर, मंगलूरु

शिक्षा:

हिंदी में प्रथम श्रेणी में स्नातकोत्तर उपाधि

अनुभव:

'विजयवाणी' में दो वर्ष तक उपसंपादक के पद पर कार्यानुभव

अतिरिक्त योग्यता:

टंकण तथा आशुलिपि में डिप्लोमा; कंप्यूटर में डिप्लोमा

यदि आप मुझे इस पद पर कार्य करने का अवसर दें तो मैं आपको विश्वास दिलाता हूँ कि समाचार-पत्र की उन्नति के लिए भरसक प्रयत्न करूँगा।

सधन्यवाद

भवदीय
रोहन शेट्टी

****

(4) जन-साधारणकेआवेदन-पत्र:

मोबाइल नेटवर्क समस्या के कारण नेटवर्क प्रदाता कंपनी बदलने हेतु आवेदन पत्र-

प्रेषक,26 मई, 2019

राजेंद्र पाटील,

56, मंदार सदन, व्यासराय मार्ग

राजेंद्र नगर कालोनि

धारवाड

सेवा में,

एरिया प्रबन्धक,

भारत संचार निगम लिमिटेड,

धारवाड

नई दिल्ली।

विषय: नेटवर्क सेवा प्रदाता कम्पनी बदलने हेतु।

महोदय,

मैं राजेंद्र पाटील मोबाइल नेटवर्क प्रदाता कम्पनी का पिछले दो वर्ष से ग्राहक हूँ। मैंने जब से यह कम्पनी चुनी है, तब से मुझे नेटवर्क सम्बन्धी कई समस्याओं का सामना करना पड़ रहा है। कभी स्पष्ट आवाज की समस्या, तो कभी बात करते-करते नेटवर्क का गायब हो जाना। सन्देश भी त्वरित गति से नहीं पहुँच पाते। मैं इस कम्पनी को बहुत पहले ही बदल देना चाहता था, किन्तु मेरा मोबाइल नम्बर इतने ज्यादा लोगों के पास है, कि इस नम्बर को बदल पाना मेरे लिए नामुमकिन है।

किन्तु जब से मैंने मोबाइल नम्बर पोर्टेबिलिटी यानि बिना नम्बर बदले अपनी मोबाइल नेटवर्क सेवा प्रदाता कम्पनी को बदलने की स्कीम के बारे में सुना है, तभी से मेरा मन अपनी वर्तमान मोबाइल कम्पनी को बदलने को हो रहा है। परन्तु इसे बदलकर किस कम्पनी को ग्रहण करूँ, इसी सोच में था कि मेरे दोस्तों एवं परिचितों ने आपकी कम्पनी को चुनने की सलाह दी।

मैं आपसे निवेदन करता हूँ कि कृपया मुझे बताएँ कि मुझे बिना नम्बर बदले, आपकी मोबाइल कम्पनी की सेवा लेने के लिए क्या-क्या औपचारिकताएँ पूरी करनी होंगी। आशा है, आप मुझे शीघ्र ही इस सम्बन्ध में जानकारी प्रेषित कर, मेरी समस्याओं का निदान करेंगे।

सधन्यवाद।

हस्ताक्षर

(राजेंद्र पाटील)

****

18
व्यावसायिक पत्र
(Business Letter)

परिभाषा:

किसी व्यावसायिक उद्देश्य के लिए आदान-प्रदान किए जाने वाले पत्रों को व्यावसायिक पत्र कहते हैं। किसी भी व्यवसाय की सफलता में उसके द्वारा आदान-प्रदान किए जाने वाले पत्रों का महत्वपूर्ण योगदान होता है। आज के समय में जिस तरह से व्यवसायों का विकास हो रहा है उसी तरह से व्यावसायिक पत्रों का भी महत्व बढ़ता जा रहा है। ऐसे में व्यावसायिक पत्र लेखन भी महत्वपूर्ण होता जा रहा है। सम्प्रेषण के विशेषज्ञ ए पी स्टोव ने व्यावसायिक पत्र लेखन के महत्व की तरफ इशारा करते हुए लिखा है कि- किसी भी व्यवसाय की सफलता के लिए पत्र लेखन इतना अधिक गहत्वपूर्ण होता है कि आपके द्वारा लिखा गया पत्र किसी वस्तु की बिक्री होने या न होने का निर्णय कर सकता है। यह पत्र आपके प्रति किसी की शिकायत दूर कर सकता है या आपके प्रति किसी की नाराजगी बढ़ा सकता है। यह पत्र नया ग्राहक बना सकता है तो पुराने ग्राहक को तोड़ भी सकता है।' पत्र व्यवहार के द्वारा ही कोई व्यावसायिक संस्थान अपने ग्राहकों से या जिसके साथ वह व्यवसाय कर रहा है उससे संबंध बनाता है। एक व्यवसाय जितनी अच्छी तरह से पत्र लिखता है उसकी साख उतनी ही अच्छी बनती है।

व्यापारिक पत्र की निम्नलिखित विशेषताएँ होती हैं-

(1) स्पष्टता- व्यापारिक पत्र जिस विषय में लिखा गया हो, वह पूर्णतः स्पष्ट होना चाहिए। इस बात का विशेष ध्यान रखें कि बातों को ज्यादा घुमा-फिराकर न कहा गया हो।

(2) सरलता- व्यापारिक पत्रों की भाषा अत्यन्त सरल होनी चाहिए ताकि उसे पढ़ने वाला आसानी से मूल विषय को समझ सके। ऐसे पत्रों में मुहावरों का प्रयोग नहीं करना चाहिए।

(3) संक्षिप्तता- एक व्यापारी के पास समय का अभाव होता हैं। वह मुख्य बात को जानने का इच्छुक होता है। अतः व्यापारिक पत्रों में संक्षिप्तता होनी चाहिए।

(4) सम्पूर्णता- व्यापारिक पत्र में सम्पूर्णता का अत्यधिक महत्व होता है। पत्र में आधी-अधूरी बातें नहीं होनी चाहिए। यदि पत्र में कोई सूचना दी जा रही है, तो वह सभी तथ्यों, आँकड़ों आदि से युक्त होनी चाहिए।

(5) त्रुटिहीनता- व्यापारिक पत्र चूँकि दो व्यवसायियों के मध्य संवाद का माध्यम होते हैं, अतः इनमें किसी भी प्रकार की त्रुटि नहीं होनी चाहिए। यदि ऐसा होता है, तो इससे संगठन/व्यक्ति की साख में कमी आ सकती है। यह बात सदैव स्मरण रखें कि छोटी-सी त्रुटि से व्यापार में भारी नुकसान उठाना पड़ सकता है।

(6) नम्रता- व्यापारिक पत्र की शैली नम्रतापूर्ण होनी चाहिए। नम्रता से कटुता दूर होती है और मित्र भाव उत्पन्न होता है। सदैव दूसरों की भावनाओं का सम्मान करना चाहिए और शिष्ट भाषा के प्रयोग द्वारा रूठे हुए लोगों को मनाने का प्रयास करना चाहिए, यही व्यावसायिक सफलता की कुंजी है।

(7) क्रमबद्धता- व्यापारिक पत्र लिखते समय क्रमबद्धता का ध्यान रखना अत्यन्त आवश्यक है। पत्र में प्राथमिकता के आधार पर विभिन्न वाक्यों का क्रम रखा जाना चाहिए। जो बात महत्त्वपूर्ण हो, उसे पहले लिखना चाहिए। वाक्य इस प्रकार क्रमबद्ध रूप से लिखे जाएँ कि पत्र प्राप्तकर्ता पत्र पढ़ते ही उसके मूल भाव को समझ जाए और तत्सम्बन्धी निर्णय हेतु विचार कर सके।

व्यापारिकपत्रकेभाग:

व्यापारिक पत्र को क्रमबद्ध एवं व्यवस्थित रूप से लिखने के लिए इसके कलेवर को वैयक्तिक पत्रों की भाँति कई भागों में बाँटा गया है।

व्यापारिक पत्र के मुख्य भाग अग्रलिखित हैं-

(1) शीर्षक- शीर्षक में पत्र लेखक/संस्था का नाम, डाक का पता, टेलीफोन नं., ई-मेल का पता आदि होता है। शीर्षक पृष्ठ के ऊपरी भाग में बायीं ओर छपा रहता है।

(2) पत्रांक/पत्रसंख्याएवंदिनांक- व्यापारिक पत्रों में पत्रांक एवं दिनांक का अत्यधिक महत्त्व होता है। पत्र-व्यवहार में पिछले सन्दर्भ देने और वैधानिक आवश्यकता के समय पत्रांक एवं दिनांक का उल्लेख किया जाता है। पत्रांक और दिनांक पत्र के बायीं ओर शीर्षक के नीचे लिखनी चाहिए।

(3) सन्दर्भसंख्या- व्यापारिक पत्र में यदि सम्भव हो, तो सन्दर्भ संख्या का उल्लेख अवश्य करना चाहिए। सन्दर्भ संख्या द्वारा संस्था को पुराने पत्रों से विषय के सम्बन्ध में सम्पूर्ण ब्यौरा उपलब्ध हो जाता है।

(4) अन्दरलिखाजानेवालापता- जिस व्यक्ति या संस्था को पत्र लिखा जा रहा है, उसका नाम व पता पत्र में बायीं ओर दिनांक के नीचे और अभिवादन के ऊपर लिखना चाहिए।

(5) विषय- विषय की जानकारी एक पंक्ति में 'महोदय' से पूर्व दी जाती है।

(6) सम्बोधन- व्यापारिक पत्र में सम्बोधन के लिए सामान्यतः 'महोदय/ महोदया' लिखते हैं। सम्बोधन पत्र के बायीं ओर लिखते हैं।

(7) पत्रकामुख्यभाग- यह व्यापारिक पत्र का सर्वाधिक महत्त्वपूर्ण भाग होता है। पत्र द्वारा दी जाने वाली सूचना इसी भाग में लिखी जाती है। पत्र का यह भाग सामान्यतः तीन भागों में विभाजित होता है-

(अ) प्रथमभाग- जिसमें विषय का परिचय होता है अथवा प्रेषिती (Addressee) द्वारा अब तक भेजे गए पत्रों का सन्दर्भ दिया जाता है। पत्र का यह भाग या अनुच्छेद छोटा होता है।

(आ) द्वितीयभाग- जिसमें तथ्यों एवं सूचनाओं का विवरण होता है। यह कई छोटे-छोटे अनुच्छेदों में भी बँटा हो सकता है।

(इ) तृतीयभाग- जिसमें आगामी कार्य-व्यापार पर बल दिया जाता है। यह मुख्य भाग का अन्तिम भाग होता है।

(8) समाप्तिहेतुअन्तिमआदर सूचकशब्द व्यापारिक पत्रों में शिष्टाचारपूर्ण अन्त, पत्र के नीचे बायीं ओर हस्ताक्षर के ऊपर सामान्यतः 'भवदीय' लिखकर किया जाता है।

(9) हस्ताक्षरएवंपदनाम- भवदीय के नीचे स्पष्ट हस्ताक्षर किया जाना चाहिए। यदि हस्ताक्षर अस्पष्ट हो तो कोष्टक में नाम का स्पष्ट उल्लेख आवश्यक है। यदि हस्ताक्षरकर्ता दूसरे की ओर से पत्र लिख रहा है तो निमित्' के वास्ते, के लिए आदि शब्दों का प्रयोग करना चाहिए। हस्ताक्षर के नीचे पदनाम का उल्लेख होना चहिए। जैसे- व्यवस्थापक, प्रबन्धक, संचालक भागीदार।

(10)संलग्नक- हस्ताक्षर के बाद पत्र के बाई ओर थोड़ा स्थान छोड़कर पत्र के साथ नत्थी किये गये अन्य पत्र को (संलग्नकों) की संख्या लिखनी चाहिए।

जैसे- संलग्नक-91.

अर्थात् पत्र के साथ तीन और पत्रक भेजे जा रहे हैं।

(11)पुनश्च- इसे पत्र का आवश्यक अंग नहीं माना जाना चाहिए। कभी-कभी सम्पूर्ण विषय वस्तु या सम्यक् संदेश के लिखने के बाद तत्सम्बन्धी किसी नयी बात का ध्यान आ जाता है तो उस नयी बात को पुनश्च लिखकर आगे लिख दिया जाता है- फिर कुछ और इसके अन्तर्गत उसमें कुछ नया जोड़ा गया है। उसके भी अन्त में पत्र लेखक को हस्ताक्षर अवश्य कर देना चाहिए।

व्यावसायिकपत्रकाप्रारूप/आलेख

प्रेषकफर्मकानाम

तार......

1. शीर्षक....................

पता.......
फोन........
दिनांक........

2. प्रापक (प्राप्त कर्ता) का नाम तथा पता........
3. अभिवादन युक्त सम्बोधन...................
4. विषय

1.

संदर्भ...........

6. विषय सामग्री-
(क).................
(ख).................
(ग).................
7. अभिवादनात्मक समाप्ति...................

8. निमित्त-फर्म का नाम...................
हस्ताक्षर...............
पद.....................

9. संलग्नक.....................
10. पुनश्च.....................

****

1. पूछताछसम्बन्धीपत्र

पूछताछ सम्बन्धी पत्रों से तात्पर्य ऐसे पत्रों से है, जिनके माध्यम से किसी माल के गुण, उपयोगिता एवं व्यापारिक शर्तें आदि की जानकारी जुटाई जाती है। पूछताछ सम्बन्धी पत्र उन वस्तुओं के नियमित खरीदार व्यापारी भी लिखते हैं, जिन वस्तुओं के मूल्य से उतार-चढ़ाव होता रहता है। इन पत्रों के तहत निर्माता द्वारा व्यापारी को माँगी गई सभी सूचनाएँ पूर्ण विवरण सहित देनी चाहिए; जैसे- वस्तु की गुणवत्ता, मात्रा, आकार इत्यादि। पूछताछ सम्बन्धी पत्रों के कुछ उदाहरण इस प्रकार हैं-

पूछताछसंबंधीपत्र-1

राजराम पुस्तकालय

(पुस्तक प्रकाशक तथा विक्रेता)

67, के.एस.राव मार्ग

मंगलूरु, कर्नाटक

पत्र संख्या: 329/3/पू/2019-20 दिनांक 8 मई, 2019

सेवा में,

नवभारत प्रकाशन

67, चाणक्य मार्ग

नई दिल्ली

विषय: पुस्तकों के संबंध में पूछताछ

प्रिय महोदय,

हम आपकी प्रकाशन संस्था की ओर से प्रकाशित अति अमूल्य पुस्तकों खरीदने के इच्छुक हैं। हमें आगामी जून के महीने में इन पुस्तकों की आवश्यकता है । अतः आपसे निवेदन है अपनी प्रकाशक संस्था की ओर से प्रकाशित पुस्तकों की मूल्य सूची, व्यापारिक और भुगतान संबंधी शर्तें आदि विवरण लिखकर भिजवाने का कष्ट करें । आपके पत्र प्राप्त होने के बाद आदेश भिजवाने के संबंध में ले सकेंगे ।

सधन्यवाद,

आपकी विश्वासी

शिवकुमार पूजारी

प्रबंधक

****

पूछताछकरनेहेतुपत्र-2

सचिन गौड एंड ब्रदर्स

(जनरल फूड स्टोर)

34, विवेकानंद मार्ग,

मंगलूरु

पत्र संख्या : 234/2/पू/ 2019-20 दिनांक: 20-05-2019

सेवा में,

उत्तम फूड प्राइवेट कंपनी

राजकुमार मार्ग

राजाजीनगर, बेंगलूरु

विषय – उत्पादों के मूल्य पूछताछ संबंधी पत्र

महोदय,

हमें अपने एक व्यावसायिक मित्र के माध्यम से यह ज्ञात हुआ कि आपकी कंपनी में विद्यमान खाद्य पदार्थ उत्तम गुणवत्ता के पाए जाते हैं। इसी कारण हम आपकी कंपनी से ब्रेड, पीनट बटर, जैम व विभिन्न प्रकार के अचारों को क्रय करने के लिए उत्सुक है। हम आपके अत्यंत आभारी होंगे यदि आप हमें इन खाद्य पदार्थों के मूल्य सूची प्रदान करने का कष्ट करेंगे। साथ ही मूल्य सूची पर दी जाने वाली छूट तथा मूल्य के भुगतान की शर्तों से भी हमें अवगत कराने की कृपा करे।आशा है आप शीघ्र उत्तर देकर अनुग्रहित करेंगे।

सधन्यवाद।

भवदीय

(हस्ताक्षर)

सचिन गौड

सचिन एंड ब्रदर्स

****

सन्दर्भपत्र:

सन्दर्भ सम्बन्धी पत्र ऐसे पत्र होते हैं, जिनके माध्यम से किसी फर्म अथवा व्यापारी की प्रामाणिक जानकारी माँगी जाती है। चूँकि, उधारी व्यापार का एक मुख्य पहलू होता है, अतः एक व्यापारी के लिए किसी भी फर्म को माल उधार देने से पूर्व उसकी आर्थिक मजबूती, बाजार में प्रतिष्ठा आदि की जाँच-पड़ताल करना जरूरी होता है।

सन्दर्भ पत्रों के द्वारा ऐसी ही फर्मों की जानकारी प्राप्त की जा सकती है। उल्लेखनीय है कि कई बार विक्रेता को जब तक नए ग्राहक से सन्दर्भ प्राप्त नहीं

हो जाता, वह ग्राहक को माल की आपूर्ति नहीं करता। किसी व्यक्ति अथवा संस्था के लिए सन्दर्भ सूचना देने वाले को इस बात का ध्यान रखना चाहिए कि सूचना चाहे फर्म के पक्ष में हो अथवा विपक्ष में; उसे यह स्पष्ट कर देना चाहिए कि सूचना चाहे फर्म के पक्ष में हो अथवा विपक्ष में; उसे यह स्पष्ट कर देना चाहिए कि वह इस सम्बन्ध में किसी भी प्रकार से उत्तरदायी नहीं होगा और उसकी सूचना गोपनीय रखी जाएगी। सन्दर्भ सम्बन्धी पत्रों में प्रतिकूल दृष्टिकोण प्रस्तुत करते समय फर्म के नाम का उल्लेख करने के स्थान पर यह लिखा जाना चाहिए कि, 'आपने जिस फर्म के बारे में सूचना माँगी है' अथवा 'आपने जिस फर्म का उल्लेख किया है' आदि। पत्र में अपने दृष्टिकोण को तटस्थता के साथ प्रयोग करना चाहिए।

सन्दर्भपत्र-1

सर्वेश्वरदयालएण्डसन्सकीओरसेसन्दर्भपत्रकेअनुकूलउत्तरदेनेकेसम्बन्धमेंपत्र।

सर्वेश्वर पाटिल एण्ड सन्स,

क्रमांक: 293/सं/2019-20 39, रामनगर,

विजयपुर

20 मई, 2019

सेवा में,

जयप्रकाश नारायण मार्ग,

राजाजिनगर

नई दिल्ली-110011

विषय: फर्म की जानकारी से सम्बन्धित सन्दर्भ पत्र

के अनुकूल उत्तर हेतु।

महोदय,

आपके दिनांक 6 मई, 2019 को लिखे पत्र के उत्तर में हम आपको निम्नलिखित सूचनाएँ दे सकते हैं। आपके द्वारा जिस फर्म के बारे में सूचना माँगी गई है, यह स्थानीय व्यापार जगत् की नामी-गिरामी एवं प्रतिष्ठित फर्म हैं। जहाँ तक हमें जानकारी है, यह फर्म विगत 15 वर्षों से अधिक समय से व्यापार कर रही है।

हम इस फर्म के साथ पिछले 10 वर्षों से व्यापार कर रहे हैं, हमारे सामने अभी तक उक्त कम्पनी के साथ भुगतान सम्बन्धी कोई भी समस्या नहीं आई है। यह सूचना आपके उपयोग के लिए है, और बिना किसी उत्तरदायित्व के दी जा रही है।

हमें आशा है कि यह सूचना आपके उद्देश्य की पूर्ति में सहायक होगी। हम इतना दावे के साथ कह सकते हैं कि यदि आप इस फर्म के साथ जुड़ते हैं, तो आपको साफ एवं स्वच्छ छवि वाली एक फर्म के साथ व्यापार करने का अवसर मिलेगा।

सधन्यवाद।

भवदीय,

हस्ताक्षर......

(सुरेश पाटिल)

सर्वेश्वर पाटील एण्ड सन्स

****

आदेशसंबंधीपत्र

व्यापार में ऑर्डर सम्बन्धी पत्र, वे पत्र होते हैं; जिनके द्वारा माल के ऑर्डर लिए अथवा दिए जाते हैं। किसी भी माल का ऑर्डर देते समय पत्र में उसकी किस्म, मात्रा, साइज, डिजाइन, पैकिंग, माल भेजने का तरीका, तिथि आदि का उल्लेख किया जाना चाहिए। यदि माल नाजुक अथवा कीमती है, तब इस सम्बन्ध में पत्र में माल का बीमा आदि करवाने हेतु निर्देश दिए जाने चाहिए। इसके अलावा यदि किसी फर्म को पहला ऑर्डर भेजा जा रहा है, तब भुगतान के ढंग का उल्लेख किया जाना आवश्यक है। यदि ऑर्डर में उधार माल भेजने की माँग की गई है, तब व्यापार सन्दर्भों का उल्लेख होना जरूरी है। कई बार माल का आर्डर कैन्सिल करना पड़ सकता है। ऐसे समय में खेद प्रकट करते हुए, भविष्य में इस प्रकार की सावधानी बरतने सम्बन्धी पत्र अवश्य भेजा जाना चाहिए।

आदेशपत्र -1

पुस्तकें मँगाने के लिए प्रकाशक के नाम एक आदेश पत्र

सरस्वती पुस्तकालय

(पुस्तकों के प्रकाशक तथा विक्रेता)

4/44, शारदा निकेतन

नारायण गुरु मार्ग, मंगलूरु

26 फरवरी, 2018

सेवा में,

व्यवस्थापक महोदय,

फ्रैंक एजुकेशनल ऐड्स प्रा० लि०,

ए-39, सेक्टर-4, नोएडा

विषय:पुस्तकों के आदेश की आपूर्ति शीघ्र करने हेतु।

प्रिय महोदय

कृपया अधोलिखित पुस्तकें दिए गए पते पर यथा शीघ्र भेजने का कष्ट करें। पंद्रह सौ रुपये अग्रिम राशि के रूप में धनादेश (मनीआर्डर) द्वारा भेज दिए गए

हैं। कृपया उन्हें बिल में से काट दीजिए। पुस्तकें भेजने से पहले देख लें कि किसी पुस्तक के पृष्ठ कम या फटे हुए न हों। पुस्तकों की पैकिंग ढंग से की गई हो।

पुस्तकों की सूची

1. हिन्दी साहित्य का इतिहास – 3 प्रतियाँ 2015 का संस्करण
2. हिन्दी कहानी एक आलोचना – 3 प्रतियाँ 2017 का संस्करण
3. विहास वाणी – 2 प्रतियाँ 2015 का संस्करण
4. अंग्रेज़ी साहित्य समीक्षा – 3 प्रतियाँ 2019 का संस्करण
5. समकालीन हिन्दी कहानी - 3 प्रतियाँ 2017 का संस्करण

सधन्यवाद,

भवदीय

हस्ताक्षर

रमानंद कामत

****

आदेशपत्र -2

पुस्तकोंकेआदेशकीआपूर्तिमेंअसमर्थताप्रकटकरतेहुएपत्रलिखिए।

विद्या पुस्तक भण्डार

पत्र संख्या : 87/आ/2019-20 56, विद्या विहार,

नई दिल्ली।

20 मई, 2019

सेवा में,

बुक प्वाइण्ट,

मुखर्जी नगर,

दिल्ली।

बिषय: पुस्तकों के आदेश की आपूर्ति में असमर्थता हेतु।

महोदय,

आपके दिनांक 13 मई, 2019 के ऑर्डर के लिए धन्यवाद, किन्तु हमें खेद के साथ कहना पड़ रहा है कि आपने जिन पुस्तकों का ऑर्डर दिया है, उनका स्टॉक खत्म हो चुका है।

हमने ये पुस्तकें पुनर्मुद्रण हेतु भेजी हुई हैं, जो सम्भवतः 15 दिन में बिक्री हेतु तैयार हो जाएँगी। हमने आपका ऑर्डर अपनी 'ऑर्डर फाइल' में सुरक्षित रख लिया

है, जैसे ही पुस्तकें तैयार हो जाएँगी, आपको भेज दी जाएँगी। असुविधा के लिए खेद है। सदैव आपकी सेवा में तत्पर।

सधन्यवाद।

भवदीय,

हस्ताक्षर......

(विशाल गुप्ता)

विक्रय प्रबन्धक

(विद्या पुस्तक भण्डार)

****

शिकायती पत्र:

एक फर्म जब दूसरी फर्म अथवा व्यवसायी की उम्मीदों पर खरी नहीं उतरती, तब उनके बीच शिकायत की स्थिति पैदा हो जाती है। माल का ऑर्डर समय पर न डिलीवर कर पाना, डिलीवर माल में टूट-फूट, भुगतान का तरीका पसन्द न आना, खराब माल पहुँचाना आदि जैसे अनेक मुद्दे हैं, जब विभिन्न फ़र्में एवं व्यवसायी शिकायत पत्रों के माध्यम से अपनी बात रखते हैं। शिकायत पत्र लिखते समय इस बात का ध्यान रखना चाहिए कि जिस सम्बन्ध में शिकायत की जा रही है, उसका स्पष्ट रूप से उल्लेख किया जाना चाहिए।

शिकायती पत्र-1

मालकीखरीदारीपरशिकायतकरतेहुएपत्र।

शंकर एण्ड सन्स,

90, नेताजी सुभाष मार्ग,

मैसूरु, कर्नाटक

20 अप्रैल, 2020

सेवा में,

दीपमाला एण्ड कम्पनी,

स्टेशन रोड,

लखनऊ।

विषय- माल की खरीदारी पर अधिक वसूली

होने पर शिकायत हेतु।

महोदय,

हमें आपका दिनांक 5 मार्च, 2020 का पत्र 15 मार्च, 2020 को प्राप्त हुआ था, जिसमें उल्लेख था कि यदि हम आपके यहाँ से 1000 से अधिक का माल खरीदते

हैं, तो हमें 25% की छूट और मुफ्त पैंकिंग व माल भाड़े की सुविधा प्रदान की जाएगी। परन्तु खेद है कि हमारे द्वारा 8000 के माल की खरीद के बावजूद भी आपने अपने दिनांक 3 अप्रैल के बिल सं. 115 द्वारा हमसे पैंकिंग और माल भाड़े के शुल्क की वसूली के साथ ही हमें केवल 20% छूट ही प्रदान की। यद्यपि हमने माल प्राप्त कर लिया, परन्तु हमें आपके द्वारा की गई अतिरिक्त वसूली के लिए क्रेडिट नोट प्राप्त करने के सम्बन्ध में पूछताछ का अधिकार है।

हमारे विचार से यह त्रुटि आपके बिलिंग और डिस्पैच विभाग की लापरवाही से हुई होगी। उचित कार्रवाई हेतु प्रेषित।

सधन्यवाद।

भवदीय,

हस्ताक्षर.....

(शिव शंकर)

प्रोपाइटर

****

शिकायती पत्र-2

गलत माल मिलने की शिकायत करते हुए खेल का सामान बेचने वाले प्रतिष्ठान 'क्रीड़ा-विहार' को लिखा गया शिकायती पत्र-

शिवांजली स्पोर्ट्स स्टोर्स

क्रमांक: 394/शि/2018-19 6/11, सुभाष नगर

मंगलूरु, कर्नाटक

20 फरवरी, 2019

व्यवस्थापक

सेवा में,

व्यवस्थापक

क्रीड़ा-विहार

दरियागंज, दिल्ली

प्रिय महोदय

निवेदन है कि हमने आपके प्रतिष्ठान को दिनांक 14-12-2018 को खेल के कुछ सामान का आर्डर दिया था। इस आर्डर में निम्नलिखित सामान मँगाया था

1. क्रिकेट बैट (कश्मीर) 10
2. बैडमिंटन रैकिट (स्पेशल क्वालिटी) 10

3. फुटबाल (नं० 777) 18
4. क्रिकेट बॉल - 15
5. हॉकी स्टिक -27

आपके द्वारा भेजे गये बिल सं० 1674, 2-1-2019 के अनुसार यह सामान हमें 10-1-2019 को प्राप्त हुआ। खेद की बात है कि कुछ सामान उस क्वालिटी का नहीं है तथा फुटबाल के स्थान पर वालीबाल भेजे गये हैं तथा 10 बैडमिंटन के रैकिट की जगह 5 रैकिट तथा 5 क्रिकेट बैट की जगह 10 बैट भेजे गये हैं। अतः यह सामान वापस भेजा जा रहा है। कृपया उचित सामान शीघ्र भिजवाने का कष्ट करें तथा सामान भेजने से पूर्व निरीक्षण करवा लें कि सही समान ही भेजा जाये।

सधन्यवाद,

भवदीय

हस्ताक्षर.....

राजाराम कुलाल

****

19
सरकारी पत्र (Official Letters)

परिभाषा:

सरकारी कार्यालयों की ज़रूरतों को ध्यान में रखते हुए इन पत्रों को कई श्रेणियों में बाँट दिया गया है। मसलन कई पत्र सूचनाएँ माँगने या भेजने के लिए लिखे जाते हैं। कुछ पत्रों द्वारा मुख्यालय या बड़े अधिकारी अपने अधीनस्थ कार्यालयों या अधीनस्थ कर्मचारियों को आदेश भेजते हैं। कुछ पत्र अखबारों को विभागीय गतिविधियों की जानकारी देने के लिए भेजे जाते हैं। हर श्रेणी के पत्र के लिए एक विशेष स्वरूप निर्धारित कर दिया गया है।

सरकारी पत्र औपचारिक पत्र की श्रेणी में आते हैं।प्रायः ये पत्र एक कार्यालय, विभाग या मंत्रालय रो दूसरे कार्यालय, विभाग या मंत्रालय को लिखे जाते हैं। पत्र के शीर्ष पर कार्यालय, विभाग या मंत्रालय का नाम व पता लिखा जाता है। पत्र के बाईं तरफ फाइल संख्या लिखी जाती है जिससे यह स्पष्ट हो सके कि पत्र किस विभाग द्वारा किस विषय के तहत कब लिखा जा रहा है। जिसे पत्र लिखा जा रहा है उसका नाम, पता आदि बाईं तरफ लिखा जाता है। कई बार अधिकारी का नाम भी दिया जाता है। ‘सेवा में’ का प्रयोग धीरे-धीरे कम हो रहा है। विषय’ शीर्षक के अंतर्गत संक्षेप में यह लिखा जाता है कि पत्र किस प्रयोजन के लिए या किस संदर्भ में लिखा जा रहा विषय के बाद बाईं तरफ ‘महोदय’ संबोधन लिखा जाता है। पत्र की भाषा सरल एवं सहज होनी चाहिए। क्लिष्ट शब्दों के प्रयोग से बचना चाहिए। सटीक अर्थ प्रेषित करने के लिए प्रशासनिक शब्दावली का प्रयोग ही उचित होता है। पत्र के बाईं ओर प्रेषक का पता और तारीख दी जाती है। अंत में ‘भवदीय’ शब्द

का प्रयोग अधोलेख के रूप में होता है। भवदीय के नीचे पत्र भेजने वाले के हस्ताक्षर होते हैं। हस्ताक्षर के नीचे कोष्ठक में पत्र लिखने वाले का नाम मुद्रित होता है। नाम के नीचे पदनाम लिखा जाता है।

सरकारी पत्र के स्वरूप

1. शीर्षक (Heading)
2. क्रमांक (letter No.)
3. प्रेषक (From)
4. सेवा में (To)
5. स्थान तथा दिनांक (Place and Date)
6. विषय (Subject)
7. संबोधन (Solutation)
8. पत्र का आलेखन (Text of the letter)
9. अंतिम प्रशंसात्मक भाग (Complimentary Clame)
10. हस्ताक्षर (Signature)
11. अनुलग्नक (Indosura)
12. पृष्ठांकन (Endorsement)

सरकारी पत्रों के प्रकार

सरकारी पत्र व्यवहार विभागों के बीच एक दूसरे के मध्य में संपर्क का सबल और एकमात्र माध्यम है। इससे केवल सरकारी कार्यालय ही नहीं वरन प्रतिष्ठित व्यापारिक प्रष्ठानों, सस्थाओं एवं जनता से भी सरकार का संपर्क बनता है। शासन संचालन के सिल-सिले में अनेक प्रकार की समस्याएँ उठती हैं। सूचनाएँ भिजवाने और प्राप्त करने की आवश्यकता होती है, जनमत जानना होता है और अनेक बातें होती हैं। इन सबके लिए विभिन्न अवसरों एवं कार्य के लिए भिन्न-भिन्न प्रकार के पत्रों का आश्रय लिया जाता है। इस पत्रों में मुख्य रूप से-

1. सामान्य सरकारी पत्र (ordinary Official Letter)
2. परिपत्र (Circular)
3. कार्यालय ज्ञापन (Official Memorandum)
4. ज्ञापन (Memorandum)
5. अर्ध सरकारी पत्र (Semi Official Letter)

6. कार्यालय आदेश (Office Order)
7. अधिसूचना (Notification)
8. पृष्ठांकन (Endurcement)
9. अनुस्मारक (Reminder)

1. सामान्य सरकारी पत्र (Ordinary Official Letter)

शासकीय पत्र का यह रूप सर्वाधिक प्रचलित है। सरकारी कार्य संपादन के लिए इसका मुख्य रूप से प्रयोग किया जाता है । विदेशी सरकारें, राज्य सरकारों, सरकार से संबंध कार्यालयों जनसेवी आयोगों और सार्वजनिक प्रतिष्ठानों, जन निकायों, नगर निगम, पत्रिकाओं, जन प्रतिनिधियों आदि से जो भी पत्र व्यवहार होता है वह प्रायः सरकारी पत्रों द्वारा ही होता है। भारत सरकार के विभिन्न संभाग जब आपस में पत्र व्यवहार करते हैं तो सरकारी पत्रों का प्रयोग नहीं करते ।

सामान्य सरकारी पत्र-1

संख्या: 987/32/2019

भारत सरकार

शिक्षा मंत्रालय

प्रेषक,

डा. राजेंद्र कामत आई.ए.एस.

उप सचिव

भारत सरकार

सेवा में,

उपकुलपति

मंगलूरु विश्वविद्यालय

मंगलूरु, कर्नाटक

नई दिल्ली -1 दिनांक 30 जनवरी, 2019

महोदय, मुझे यह सूचित करने का निर्देश हुआ है कि भारत सरकार कन्नडेतर भाषा के और साहित्य के अध्ययन अनुसंधान के लिए मंगलूरु विश्वविद्यालय में विशेष व्यवस्था करना चाहती है । प्रारंभ में केवल चालीस छात्रों के अध्ययन की व्यवस्था होगी और प्रत्येग छात्र को पाँच हजार मासिक छात्र वृति तीन वर्ष तक दी जायेगी ।

भारत सरकार इस कार्य में होनेवाले व्यय का अनुमान जानना चाहती है ताकि आगे की कार्यवाही की जा सके ।

इस कार्य पर होनेवाले संपूर्ण कार्य का विवरण कृपया 10 फरवरी 2019 तक अवश्य ही भिजवा दें ।

भवदीय

डा. राजेंद्र कामत

उप सचिव, भारत सरकार

****

2. परिपत्र – गश्ती पत्र (CIRCULAR)

जब एक ही सूचना आदेश, निर्देश या सन्देश कई व्यक्तियों अथवा कार्यालयों को भेजना हो, ऐसी परिस्थिति में लिखा जाने वाला पत्र परिपत्र या गश्तीपत्र कहलाता है।

परिपत्र में एक सरकारी पत्र के सभी लक्षण होते हैं किन्तु इसमें प्रेषिति के पद के नाम के पूर्व समस्त शब्द का प्रयोग किया जाता है।

परिपत्र को आवश्यकतानुसार टाइप, साइक्लोस्टाइल या छपवा लिया जाता है। परिपत्र की सभी प्रतियों पर अधिकारी के हस्ताक्षर नहीं होते हैं, केवल कार्यालय प्रति पर ही होते हैं।जब कोई आदेश, निर्देश, अनुदेश, सूचना आदि से समस्त अधीनस्थ कार्यालयों /कार्मिकों को अवगत कराना होता है तो इस हेतु प्रयुक्त किये जाने वाला पत्र परिपत्र कहलाता है।

परिपत्र -1

भारत सरकार

केंद्रीय हिन्दी निदेशालय

(मानव संसादन विकास मंत्रालय)

उच्चतर शिक्षा विभाग

क्रमांक: प 89 /298/प.पा/प्रसारण पश्चिमी खंड-7, आर.के.पुरम

नई दिल्ली-110011

दिनांक 13 जून 2018

परिपत्र

विषय :केंद्रीय हिन्दी निदेशालय द्वारा निर्मित हिन्दी भाषा संबंधी विडियों यूट्यूब पर उपलब्धता के संबंध में।

भारत सरकार के मानव संसाधन विकास मंत्रालय के उच्चतर शिक्षा विभाग के अंतर्गत केंद्रीय हिन्दी निदेशालय विभिन्न योजनाओं के माध्यम से हिन्दी के प्रचार-प्रसारण के कार्य में निरंतर गतिमान है । निदेशालय द्वारा हिन्दीतर भाषा-भाषियों, अप्रवासी भारतीय और विदेशियों तथा हिन्दी सीखने के इच्छुक लोगों के

लिए हिन्दी भाषा एवं साहित्य संबंधी कई लघु फिल्मों/वृत्त चित्र तैयार किए जा चुके हैं ।

हिन्दी भाषा एवं साहित्य के क्षेत्र में इन लघु फिल्मों/वृत्त चित्रों का योगदान शिक्षकों एवं छात्रों के अतिरिक्त हिन्दीतर भाषी क्षेत्रों में हिन्दी सीखनेवालों के लिए महत्वपूर्ण है । निदेशालय द्वारा यूट्यूब पर हिन्दी भाषावाणी नामक आधिकारिक चैनल की शुरुआत की गई है । सभी लघु फिल्में/वृत्तचित्र यूट्यूब के माध्यम से निःशुल्क उपलब्ध हैं।

क.ख.घ

(प्रो.राजेंद्र कुमार राय)

निदेशक

सेवा में,

1.   भारत सरकार के सभी मंत्रालय/विभाग एवं कार्यालय
2.   स्वायत्तशासी संस्थाएँ/उपक्रम

*****

भारत सरकार

पोस्ट मास्टर जनरल कार्यालय

उत्तर प्रदेश

सूचना एवं प्रसारण विभाग

क्रमांक: प 89 /298/प.पा/प्रसारण प्रशासन खंड-7, अजाद नगर

लखनऊ,

दिनांक 2 जनवरी 2019

परिपत्र

विषय :सेविंग बैंक सुविधा बढ़ाने संबंधी

डायरेक्टर जनरल के आदेशानुसार यह सूचित करना है कि सेविंग बैंक खाते में 1 फरवरी,2019 से निम्नतम जमा राशि 2,000 रु होगी तथा इस पर दिया जानेवाला व्याज दर 5 प्रतिशत होगी ।

सभी खाताधारियों को इस बात से अवगत कराया जाए व जिन खातों में कम राशि हो उनसे 1 माह की अवधि में इनती राशि जमा करवायी जाए ।

अ.ब.क

मोहर राज

पोस्ट मास्टर जनरल

सेवा में,

प्रदेश के समस्त डाक निरीक्षक,

उत्तर प्रदेश

****

3. कार्यालय ज्ञापन (Official Memorandum)

शासकीय पत्र व्यवहार के इस रूप का प्रयोग सरकार के मंत्रालयों के बीच सूचनाओं के आदान-प्रदान अथवा पत्र व्यवहार के लिए किया जाता है । ये पत्र सदैव अन्य पुरुषों को लिखे जाते हैं और इनमें अभिवादन या स्व निर्देश नहीं लिखा जाता है । महोदया, प्रिय, महोदय तथा अंत में भवदीय आदि । पत्र समाप्ति पर उसके दायीं ओर पत्र प्रेषक के हस्ताक्षर और पत्र क नीचे पद संज्ञा लिखी जाती है । पत्र के बायीं ओर, अन्त में जिस मंत्रालय को पत्र भेजा जाय उसका नाम और पता लिखा जाता है । इस प्रकार के पत्र का उपयोग संबंध और अधीनस्थ कार्यालयों के बीच पत्र व्यवहार के लिए नहीं किया जाता है ।

कार्यालय ज्ञापन-1

संख्या : 708/9/2019

भारत सरकार

खाद्य एवं कृषि मंत्रालय

नई दिल्ली -11

कार्यालय ज्ञापन दिनांक: 5 अगस्त 2019

विषय: कार्यालय के स्थान परिवर्तन की सूचना ।

मुझे निर्देश हुआ है कि सभी मंत्रालयों को यह सूचित कर दिया जाय कि इस मंत्रालय की योजना शाखा का कार्यालय 12, जनपद पर पहुँच गया है । इसके टेलिफोन नंबरों आदि में कोई परिवर्तन नहीं हुआ है ।

हस्ताक्षर
अवर सचिव, भारत सरकार

सेवा में,

उप सचिव, गृह मंत्रालय

प्रतिलिपि निम्नलिखित को प्रेषित

1. --
2. --

****

कार्यालय ज्ञापन -2

संख्या: 989/93/2019

भारत सरकार

गृह मंत्रालय

भारत सरकार

नई दिल्ली

दिनांक:20-05-2019

कार्यालय ज्ञापन

विषय : हिन्दी शिविर की उपस्थिति

मुझे यह सूचित करने का निदेश हुआ है कि कुछ कार्यालयों में हिन्दी शिविरों पर पूरी तरह से ध्यान नहीं दिया जा रहा है । अतः इस विषय में सभी से निवेदन है कि इन शिविरों के प्रशिक्षार्थियों की उपस्थिति बराबर रहे तहा जिन कार्यालयों से अभी तक अनुमति नहीं दी गई है उन्हें इन शिविरों में उपस्थित रहने की अनुमति दी जाए ।

उप सचिव, गृह मंत्रालय,
भारत सरकार

प्रतिलिपि :
सभी संबंधित कार्यालयों व शिविर अधिकारियों को

****

3. ज्ञापन (Memorandum)

सरकारी पत्र व्यवहार में ज्ञापन उन्हें कहते हैं जो साधारण संदेश प्रेषण में अपने किसी साधारण संदेश के लिए अपने एक समकक्ष अथवा छोटे अधिकारियों या कर्मचारियों को लिखे जाते हैं । उनका प्रयोग प्रायः निम्नलिखित कार्यों के लिए किया जाता है । कार्यालय ज्ञापन की तरह यह पत्र भी अन्य पुरुष में ही होते हैं और इनमें संबोधन या स्वनिर्देश नहीं होता ।

1. सभी अधिकारियों को सरकारी आदेशों के अन्य समाचारों में अवगत कराने के लिए।
2. पत्रों की प्राप्ति स्वीकार करने के लिए ।
3. कर्मचारियों द्वारा प्राप्त प्रार्थना पत्रों, याचिकाओं आदि का उत्तर देने के लिए ।

ज्ञापन -1

पत्रांक : 873/88/2018-19

पंचायत राज्य निदेशालय

भोपाल, मध्यप्रदेश

दिनांक: 9 जून 2019

ज्ञापन

श्री राजेश गुप्त, अभियंता, सिंचाई विभाग को उनके 8 मई, 2019 के प्रार्थना पत्र के प्रत्युत्तर में मुझे यह सूचित करने का आदेश हुआ है कि वे अपनी डिग्री और चरित्र संबंधी प्रमाण पत्रों के साथ साक्षात्कार हेतु 25 जून, 2019 को सुबह 10-30 बजे पंतायत निदेशालय में उपस्थित हों।

राजपाल यादव
निजी सचिव

सेवा में,

श्री राजेश गुप्त,

अभियंता,

सिंचाई विभाग,

इन्दौर

****

ज्ञापन – 2

संख्या : 493/9/2018-19

गृह मंत्रालय

भारत सरकार

नई दिल्ली

3 फरवरी, 2019

ज्ञापन

विषय : संक्रामक बीमारी आदि की रोकथाम हेतु

अतिवृष्टि के कारण अचानक संक्रामक रोगों का प्रकोप प्रारंभ हो गया है है। जिनकी रोकथाम के लिए जहाँ-जहाँ इन रोगों से ग्रस्त व्यक्ति हैं उन्हें शीघ्र उपचार प्रदान किया जाए तथा कीटाणु नाशक दवाइयाँ डालकर स्थानों को स्वच्छ बनाया जाए । अतं समस्त कर्मचारियों को सूचना दी जाती है कि जिस किसी को भी संक्रामक रोग की जानकारी मिले वे तुरंत सूचना दें जिससे उचित कार्यवाही तत्काल की जा सके ।

राज किशोर पांडे

अवर सचिव, भारत सरकार

सेवा में,

सर्व अधिकारी गण

****

4. अर्धसरकारीपत्र(Semi Official Letter)

सरकारी अधिकारियों के मध्य विचार सम्मति, जानकारी की सूचना के आदान-प्रदान के लिए औपचारिक रूप से प्रयोग किया जानेवाला पत्र अर्ध सरकारी पत्र होता है । अर्ध सरकारी पत्र तब लिखे जाते हैं जब लिखने वाला अधिकारी संबंधित अधिकारी को व्यक्तिगत स्तर पर जानता है। इसमें एक मैत्री भाव होता है। इस प्रकार का पत्र ऐसी स्थिति में भी लिखा जाता है जब किसी खास मसले पर संबोधित अधिकारी का ध्यान व्यक्तिगत रूप से आकर्षित कराया जाता है या उसका व्यक्तिगत परामर्श लिया जाए। प्रारूप में बाईं ओर शीर्ष पर प्रेषक का नाम होता है। इसके नीचे उसका पदनाम होता है। पत्र के प्रारंभ में संबोधन के रूप में महोदय या प्रिय महोदय का प्रयोग नहीं होता। ऐसे पत्र में आमतौर पर प्रयोग किया जाने वाला संबोधन 'प्रिय श्री...' 'प्रियवर श्री...' हो सकता है। पत्र के अंत में अधोलेख के रूप में दाहिनी ओर 'भवदीय' के स्थान पर 'आपका' का प्रयोग किया जाता है।अर्ध सरकारी पत्र के लिए अमूमन कार्यालय के 'लेटर हेड' का प्रयोग होता है, अगर उपलब्ध हो। अंत में बाईं ओर संबोधित अधिकारी का नाम, पदनाम और पूरा पता दिया जाता है।

अर्धसरकारीपत्र-1

भारत सरकार

गृह मंत्रालय, लोकनायक भवन

नई दिल्ली

क्रमांक: अ.स.प19/ 87/2019. दिनांक 20-05-2019

प्रिय सचिव जी,

आपको विदित होगा कि व्यय विभाग, वित्त मंत्रालय ने अपने कार्यालय ज्ञापन सं:29/99/2018, दिनांक मार्च, 2018 द्वारा यह आदेश किया था कि भारत सरकार के अधीनस्थ कार्यालयों में राजभाषा के पदों का पदनाम एवं वेतनमान वही होगा जो कि केंद्रीय सचिवालय राजभाषा सेवा संवर्ग का है । राजभाषा विभाग के संज्ञान में यह लाया गया है कि व्यय विभाग का आदेश अभी तक सभी अधीनस्थ कार्यालयों में लागू नहीं हुआ है, जिससे कि वहाँ कार्यरत राजभाषा

अधिकारियों में असंतोष व्याप्त है ।

मैं आपका अति आभारि हूँगा यदि आप अपने मंत्रालय/विभाग के अधीन सभी अधीनस्थ कार्यालयों में राजभाषा अधिकारियों के पदनाम तथा वेतनमान को केंद्रीय सचिवालय राजभाषा संवर्ग के पदनाम तथा वेतनमान के समान करने के व्यय विभाग के आदेश का अनुपालन सुनिश्चित कराने का कष्ट करे।

सादर,

आपका

अ.ब.क.

सत्यपाल कामत

सेवा में,

भारत सरकार के सभी मंत्रालयों/विभातों के सचिव.

प्रतिलिपि:

1. मंत्रिमंडल सचिव ....
2. गृह मंत्रालय...
3. गृह राज्य मंत्रालय....

****

अर्धसरकारीपत्र-2

भारत सरकार

कृषि मंत्रालय

नई दिल्ली

क्रमांक: अ.स.प19/ 87/2019. दिनांक 27-06-2018

प्रिय श्रीनिवास जी,

कृपया राजेंद्र यादव के संबंध में पत्र संख्या: 288/87-2018 दिनांक 3 मई 2018 को देखें ।

मुझे आपसे यह कहने का निर्देश हुआ है कि श्री राजेंद्र यादव को एक वर्ष तक इस मंत्रालय की सेवा में रहने दिया जाए ताकि शेष शोध कार्य पूर्ण हो सके ।

आपका

जयशंकर तिवारी

सेवा में,

श्री श्रीनिवास

गृह मंत्रालय
भारत सरकार
नई दिल्ली-11

****

5.कार्यालयआदेश (Office Order)

कार्यालय आदेश सरकारी पत्रों का वह रूप है जो किसी भी कार्यालय या मंत्रालय के कर्मचारियों को उनसे संबद्ध सूचना देने के लिए लिखे जाते हैं । इन कार्यालय आदेश पत्रों में जो किसी कार्यालय/मंत्रालय के अनेक कर्मचारियों या एक से अधिक कर्मचारियों के सूचनाएँ भेजने के लिए प्रयुक्त होते हैं । कार्यालय आदेश सीधी और सरल भाषा में होते हैं । प्रारंभ में सख्या, कार्यालय का नाम, स्थान, दिनांक और फिर कार्यालय आदेश होता है । अंत में आदेश देनेवाले का नाम और होहदा लिखा होता है । इसमें किसी को न तो संबोधित किया जाता है और न ही आदेश देनेवाला अपने लिए स्वनिर्देश का प्रयोग करता है । यदि आदेश की प्रतिलिपि भेजी जा रही है तो इसमें अंत में दाहिनी ओर जिनको प्रतिलिपि भेजी जा रही है उनके नाम-पते होते हैं ।आदेश की सूचना उत्तम पुरुष का प्रयोग किया जाता है । छुट्टी स्वीकार या अस्वीकार करने की सूचना, नियुक्ति और पदोन्नति की सूचना, स्थायीकरण या स्थानांतरण की सूचना, किसी विशेष कार्य विधि के नवीनीकरण, परिवर्तन या किसी प्रशासनिक आदेश के ज्ञापन के संबंध में सूचना आदि देने के लिए कार्यालय आदेश पत्र का प्रयोग किया जाता है ।

कार्यालय आदेश -1

संख्या : 394/89/का.आ/2019

आयुक्त कार्यालय
उच्च शिक्षा मंत्रालय
बेंगलूरु

दिनांक 29 जनवरी,2019

कार्यालय आदेश

उच्च शिक्षा मंत्रालय के आयुक्त कार्यालय में कनिष्ठ लिपिक के पद पर कार्यरत श्री सुरेश गौड को तकनीकी विभाग में वरिष्ठ लिपिक के पद पर पदोन्नत करके उनकी नियुक्ति प्रधान कार्यालय, बेंगलूरु में की जाती है तथा वे अगले आदेश तक वही कार्य करेंगे ।

अ.ब.क
दयानंद बायार

आयुक्त, उच्च शिक्षा मंत्रालय
बेंगलूरु

प्रतिलिपि :
निदेशक,
उच्च शिक्षा तकनीकि विभाग
वेतन विभाग
बेंगलूरु-56

****

कार्यालय आदेश -2

क्रमांक : शि.वि.994/83/क/2019
आयुक्त कार्यालय
उच्च शिक्षा निदेशक कार्यालय
बेंगलूरु
दिनांक 2 मई, 2019

कार्यालय आदेश

उच्च शिक्षा निदेशक कार्यालय अपने नए भवन में स्थानांतरित किया जा रहा है अतः 20 मई से 30 मई तक किसी भी वर्ग के कर्मचारी को कोई अवकाश प्रदान नहीं किया जाएगा।

विनय कुमार यादव
आयुक्त, उच्च शिक्षण निदेशालय,
बेंगलूरु

****

6. अधिसूचना (Notification)

अधिसूचना प्रशासन की ओर से जो घोषणाएँ जन साधारण के सूचनार्थ या सरकारी कार्यालयों, तत्संबंधी अधिकारियों एवं कर्मचारियों की जानकारी के लिए केंद्रीय अथवा प्रादेशिक सरकारों द्वारा उनके गजटों में प्रकाशित की जाती है, उन्हें अधिसूचना कहते हैं।

अधिसूचना द्वारा नियमों, आदेशों को लागू करने, अधिकार देने, नियुक्तियाँ करने, राजपत्रित अधिकारियों को आवकाश देने, स्थानांतर सूचित करने आदि की सूचना देने हेतु किया जाता है। इन अधिसूचनाओं का प्रकाशन गजट में किया जाता है। अधिसूचनाएँ केंद्र सरकार के अतिरिक्त राज्य सरकार द्वारा भी राज-पत्र में प्रकाशित की जाती है। जो रूचनाएँ अत्यंत आवश्यक होती हैं व

शीघ्र प्रकाशनार्थ होती हैं उन्हें विशेष राजपत्र में प्रकाशित करते हैं । जो सूचनाएँ (राजपत्र) में प्रकाशित करवानी होती हैं वहाँ स्पष्ट निर्देश होता है। जो सूचनाएँ अत्यंत आवश्यक होती हैं व शीघ्र प्रकाशनार्थ हैं उन्हें विशेष राजपत्र में प्रकाशित करते हैं । अधिसूचनाएँ अन्य पुरुष में लिखी जाती हैं, अधिकारी के हस्ताक्षर और उसके नीचे पद का नाम दिया जाता है ।

अधिसूचना-1

(कर्नाटक राज्य सरकार के राजपत्र के भाग-1, खंड-8 में प्रकाशन के लिए)

कर्नाटक सरकार

स्वास्थ्य विभाग

बेंगलूरु

दिनांक:26-06-2019

<u>अधिसूचना</u>

गृह मंत्रालय के उप सचिव श्री सुरेश कुमार शेट्टी को स्वास्थ्य विभाग के सचिव के पद पर 10 जुलाई, 2019 से नियुक्त किया जाता है ।

एम.रमानंद कामत

मुख्य सचिव, गृह विभाग

****

अधिसूचना-2

कर्नाटक सरकार प्रशासन

गृह (सामान्य) विभाग

विधान सौध

बेंगलूरु, दिनांक 29 दिसंबर, 2019

<u>अधिसूचना</u>

क्रमांक: जी/293/2018/तीन-एम(6): सूचना प्रौद्योगिकी अधिनियम, 2015 की धारा 87 की उप धारा (5) के अनुसार प्रदत्त शक्तियों को प्रयोग में लाते हुए, राज्य सरकार, एतद्वारा "कर्नाटक पुलिस की ई-मेल सल्यूशन कर्नाटक शासन, गृह विभाग को उक्त अधिनियम के अधीन "सुरक्षित तंत्र" के रूप में अधिसूचित करती है ।

कर्नाटक के राज्यपाल के नाम से

तथा आदेशानुसार

अ.ब.क.

(राजाराम राव)

उपसचिव
कर्नाटक शासन, गृह विभाग

पृ.सं. जी/293/2018/तीन-एम(6): बेंगलूरू, दिनांक 29 दिसंबर, 2019
प्रतियाँ:

1. माननीय राज्यपाल के प्रमुख सचिव, राजभवन, बेंगलूरू, कर्नाटक
2. प्रमुख सचिव (समन्वय) कर्नाटक सरकार, मुख्य सचिव कार्यालय
3. प्रमुख सचिव, कर्नाटक सरकार विज्ञान एवं प्रौद्योगिकी विभाग, मंत्रालय

****

7.पृष्ठांकन(Endurcement):

यह सरकारी पत्र, पत्र-प्रणाली का वह प्रकार है जो किसी मंत्रालय, विभाग या कार्यालय से सूसरे मंत्रालय, विभाग या कार्यालय को भेजेजानेवाले पत्र के रूप में प्रयुक्त होते हैं । इस पृष्ठांकन का प्रयोग निम्न उद्देश्यों की पूर्ती के लिए किया जाता है- जब मूल पत्र प्रेषक को लौटाया जाए। जब पत्र की मूल प्रति या प्रतिलिपि मंत्रालय या कार्यालय की जानकारी हेतु भेजी जाए । जब किसी प्रत्र की प्रतिलिपियाँ प्रेषिती के अतिरिक्त अन्य को भी भेजी जाएं ।

पृष्ठांकन-1

संख्या: 83/8/पृ/2019
स्वास्थ्य मंत्रालय
भारत सरकार
नई दिल्ली
दिनांक 20 मई, 2019

निम्नांकित पत्रों की एक-एक प्रति सूचना तथा आवश्यक कार्यवाही हेतु सी.एम.ओ. श्री. पालनेत्र महापात्र को प्रेषित की जा रही है ।

संलग्न :

1. वित्तीय अनुदान का पत्र
2. यू.एन.ओ.से प्राप्त दवाइयों का पत्र

सुरेश शेट्टी
अवर सचिव, भारत सरकार

डॉ. एस. ए. मंजुनाथ

****

पृष्ठांकन-2

संख्या: 828/1/ख/2019

वित्त मंत्रालय

भारत सरकार

नई दिल्ली

दिनांक 1 मई, 2019

अधोलिखित पत्रों की एक-एक प्रति टिप्पणी सहित सूचना व आवश्यक कार्यवाही हेतु श्री जयशंकर तिवारी को प्रेषित की जा रही है :

1. नए महंगाई भत्तों की दरों का पत्र
2. सैनिक के नए वेतनमान का पत्र

केदारनाथ अगरवाल

अनुभाग अधिकारी

****

8. प्रेस विज्ञप्ति (Press Note):

सरकार कभी-कभी अपनी बात को जनता तक पहुँचाने के लिए प्रेस का सहारा लेती है तथा प्रेस कान्फ्रेन्स बुलाकर या प्रेस नोट भेजकर समाचार-पत्रों में उसका प्रकाशन करवाती है । प्रेस नोट के माध्यम से समाचार-पत्रों को जानकारी देना होता है जिसे अखबार संपादित व अखबार के समाचार बनाकर प्रकाशित करते हैं । प्रेस नोट भेजते समय इस प्रारूप में सबसे ऊपर दिन, दिनांक, समय आदि दिया जाता है । इसके बाद 'प्रेस नोट' लिखकर विज्ञप्ति का शीर्षक या विषय, वर्णित किया जाता है । तदुपरांत विज्ञप्ति का कलेवर दिया जाता है। फिर नीचे यह आदेश रहता है कि इस प्रारूप को मुख्य अधिकारी को भेज दिया जाय जिससे प्रेस नोट जारी किया जा सके । ये सभी प्रेस नोट सरकार के मुख्य सूचना के अधिकारी भेजता है । प्रेस नोट अनौपचारिक होते हैं तो संपादन, परिवर्तन या परिवर्धन कर छापे जा सकते हैं।

प्रेस विज्ञप्ति-1

शनिवार, दिनांक 10 जनवरी, 2019, दिनांक 15 जनवरी, 2019 के दैनिक समाचार में प्रकाशन हेतु ।

प्रेस विज्ञप्ति

भारत सरकार और इंग्लैंड की सरकार के मध्य आतंकवाद को समाप्त करने और शांति बहाल करने के लिए निश्चित हुआ है । यह भी निश्चय किया गया है कि न तो कोई राष्ट्र इन आतंकवादियों को सहायता देना और न ही प्रश्रय । इस संधि पर शीघ्र ही समझौता होगा ।

प्रेस सूचना अधिकारी, नई दिल्ली को यह प्रेस विज्ञप्ति जारी करने व प्रदारित करने के लिए प्रेषित ।

राजेंद्र पटेल
संयुक्त सचिव, भारत सरकार
विदेश मंत्रालय, नई दिल्ली

******

प्रेस विज्ञप्ति-1

प्रेस विज्ञप्ति

भारत सरकार ने महानिदेशक, डाक और तार के प्रार्थना-पत्र पर डाक-तार कर्मचारियों के वेतन और उनकी सेवा-शर्तों पर विचार करने के लिए तुरंत एक जाँच आयोग के गठन का निश्चय किया है । इस आयोग के सदस्यों के नाम जल्द ही घोषित किए जाएँगे। इसमें डाक-तार विभाग के दो प्रतिनिधि भी शामिल किए जाएँगे ।

आयोग के विचारार्थ विषयों में विशेषतः इन कर्मचारियों के वेतन और भत्तों के बारे में, दिन-प्रतिदिन बढ़ती महँगाई को ध्यान में रखते हुए, सरकार को सलाह दी जाएगी । आयोग निम्न वर्ग के कर्मचारियों की पदोन्नति की अन्य समस्याओं पर भी विचार करेगा ।

राजेंद्र कुमार यादव
(राजेंद्र कुमार यादव)
सचिव
संचार मंत्रालय, भारत सरकार

****

9. अनुस्मारक(Reminder)

जब किसी पत्र, ज्ञापन इत्यादि का उत्तर समय पर प्राप्त नहीं होता तो याद दिलाने के लिए 'अनुस्मारक' भेजा जाता है। इसे 'स्मरण पत्र' भी कहते हैं। इसका प्रारूप औपचारिक पत्र की तरह ही होता है मगर आकार छोटा होता है। अनुस्मारक के शुरू में पूर्व पत्र का हवाला दिया जाता है। जब एक से अधिक अनुस्मारक भेजे जाते हैं, तो पहले अनुस्मारक को 'अनुस्मारक-1', दूसरे 'अनुस्मारक', तीसरे को

'अनुस्मारक-3' इत्यादि लिखते हैं।

अनुस्मारक-1

अखिल भारतीय साहित्य एवं संस्कृति संस्थान

क्षेत्रीय कार्यालय : मुंबई

क्रमांक: मुंबई/का./5/2019/56 दिनांक:20 जून, 2019

सेवा में

महानिदेशक

अखिल भारतीय साहित्य एवं संस्कृति संस्थान,

तिलक मार्ग,

नई दिल्ली-110001

विषय : मोबाइल फ़ोन पर होने वाले व्यय के लिए निर्धारित सीमा

महोदय

कृपया उपर्युक्त विषय पर इस कार्यालय द्वारा भेजे गए समसंख्यक पत्र का स्मरण करें जो 15 मार्च, 20xx को भेजा गया था। निवेदन है कि मोबाइल फ़ोन की मासिक व्यय सीमा को बढ़ाने संबंधी इस कार्यालय के अनुरोध पर विचार कर कृपया आवश्यक स्वीकृति जारी की जाए।

सधन्यवाद,

भवदीय

निदेशक

(सोमेश कुमार)

****

टिप्पण अथवा टिप्पणी:

किसी भी विचाराधीन पत्र अथवा प्रकरण को निपटाने के लिए उस पर जो राय, मंतव्य, आदेश अथवा निर्देश दिया जाता है वह टिप्पणी कहलाती है। टिप्पणी शब्द अंग्रेजी के नोटिंग शब्द के अर्थ में प्रयुक्त होता है। टिप्पणी लिखने की प्रक्रिया को हम टिप्पण यानी नोटिंग कहते हैं। टिप्पणी का उद्देश्य उन तथ्यों को स्पष्ट तथा तर्कसंगत रूप से प्रस्तुत करना है जिन पर निर्णय लिया जाना है। साथ ही उन बातों की ओर भी संकेत करना है जिनके आधार पर उक्त निर्णय संभवतः लिया जा सकता है। टिप्पण का उद्देश्य मामलों को नियमानुसार निपटाना है। टिप्पण मुख्यतः दो प्रकार के होते हैं-सहायक स्तर पर टिप्पण तथा अधिकारी स्तर पर टिप्पण। कार्यालय में टिप्पण कार्य अधिकतर सहायक स्तर पर होता है। इसे आरंभिक टिप्पण या मुख्य टिप्पण कहते हैं जिसमें सहायक विचाराधीन

मामले का संक्षिप्त ब्योरा देते हुए उसका विवेचन करता है। टिप्पण लिखने की प्रक्रिया:

1. टिप्पण में सबसे पहले मूल पत्र या पावती में दिए गए विवरण या तथ्य का सार दिया जाता है। फिर निहित प्रस्ताव की व्याख्या की जाती है और संबंधित नियमों-विनियमों का हवाला देते हुए अपनी राय दी जाती है।

2. टिप्पणी लिखने के बाद सहायक अधिकारी दाहिनी ओर अपने हस्ताक्षर कर उसे अपने अधिकारी के सम्मुख प्रस्तुत करता है। जिस अधिकारी को प्रस्तुत किया जाना है उसका पदनाम वहाँ बाईं ओर लिखा जाता है।

3. टिप्पणी लिखने से पूर्व सहायक के लिए संबंधित विषय को समझना बहुत आवश्यक होता है।

4. टिप्पणी अपने आप में पूर्ण एवं स्पष्ट होनी चाहिए। इसमें असली मुद्दे पर अधिक बल देना चाहिए।

5. टिप्पणी संक्षिप्त, विषय-संगत, तर्कसंगत और क्रमबद्ध होनी चाहिए।

मुख्य टिप्पण नोटिंग-1

यह टिप्पणी मुंबई स्थित क्षेत्रीय कार्यालय के निदेशक के उस पत्र से संबंधित है जिसकी फा. संख्या मुंबई/का./5/2019 जो दिनांक 15 मार्च, 2019 को भेजी गई है। पत्र में निदेशक ने मोबाइल फ़ोन के मासिक व्यय पर लगाई गई सीमा को दो हज़ार रुपए से छह हज़ार रुपए तक बढ़ाए जाने का आग्रह किया गया है।

इस संदर्भ में महानिदेशालय द्वारा दिनांक 23 नवंबर, 2019 को जारी परिपत्र पर ध्यान देना आवश्यक है जो इस फाइल की पृष्ठ संख्या 12 पर है। इस परिपत्र में खर्च की सीमा दो हज़ार रुपए निर्धारित कर दी गई है और किसी भी परिस्थिति में किसी प्रकार की छूट का प्रावधान नहीं है।

इस सिलसिले में कृपया इस फाइल में इसी विषय पर की गई पहले की टिप्पणी को देखें जो पृष्ठ संख्या 8/टिप्पण पर है। टिप्पणी को पढ़ने से स्पष्ट है कि खर्च की सीमा का निर्धारण सभी पहलुओं पर विचार करने के बाद सोच-समझकर लिया गया है। यह भी विचारणीय है कि खर्च की सीमा बोर्ड की स्वीकृति से निर्धारित हुई है और बिना बोर्ड की अनुमति के इसमें किसी भी प्रकार का बदलाव संभव नहीं है।

आनुषंगिक टिप्पणी

सहायक, आरंभिक या मुख्य टिप्पणी को जब संबंधित अधिकारी के पास भेजता है तो वह अधिकारी टिप्पणी पढ़ने के बाद नीचे मंतव्य लिखता है। इसे

आनुषंगिक टिप्पणी कहते हैं और यह क्रिया आनुषंगिक टिप्पणी कहलाती है। अगर अधिकारी अपने अधीनस्थ की टिप्पणी से पूरी तरह सहमत है तो इस प्रकार की टिप्पणी की आवश्यकता नहीं होती। अधिकारी अधीनस्थ की टिप्पणी के नीचे या तो केवल हस्ताक्षर भर करता है या 'मैं उपर्युक्त टिप्पणी से सहमत हूँ', लिखता है।

अगर अधिकारी अपने अधीनस्थ की टिप्पणी से पूरी तरह सहमत है मगर उसे और सशक्त एवं तर्कसंगत बनाने के लिए अपनी ओर से भी कुछ जोड़ना चाहता है तो वह अपना मंतव्य आनुषंगिक टिप्पणी के रूप में दर्ज कर देता है। यदि अधिकारी पूर्णतः असहमत है या आंशिक रूप से सहमत है तो वह अपने तर्क और कारणों के साथ अपनी आनुषंगिक टिप्पणी करता है।

अधिकारी को अधीनस्थ की टिप्पणी को काटने, बदलने या हटाने का अधिकार नहीं है। वह केवल अपनी सहमति, आंशिक सहमति या असहमति व्यक्त कर सकता है। आनुषंगिक टिप्पणी प्रायः संक्षिप्त होती है लेकिन असहमति की स्थिति में कई बार इस प्रकार की टिप्पणी बड़ी भी हो सकती है।

उदाहरण :

मैं ऊपर लिखी टिप्पणी से सहमत हूँ, साथ ही इस ओर भी ध्यान दिलाना चाहूँगा कि मुंबई कार्यालय के निदेशक पिछले छह महीने से निर्धारित सीमा से अधिक खर्च करते रहे हैं, जो परिपत्र का उल्लंघन है। चूँकि परिपत्र में किसी प्रकार की छूट का प्रावधान नहीं है। अतः अतिरिक्त राशि निदेशक द्वारा देय होनी चाहिए। यह राशि निदेशक के वेतन से काटी जा सकती है।

****

20

स्ववृत्त लेखन (Biodata)

परिभाषा:

स्ववृत्त लेखन से अभिप्राय अपने विवरण से है। यह एक बना बनाया प्रारूप होता है जिसे विज्ञापन के प्रत्युत्तर में आवेदन पत्र के साथ भेजा जाता है। स्ववृत (Resume) का तात्पर्य है अपना वृत लिखना या अपना वृतांत कहना. वृतांत का एक अन्य अर्थ अपनी आपबीती भी होता हैं, किन्तु स्वयं अपने बारे में संक्षिप्त रूप से आवश्यक सूचना प्रदान करना ही स्ववृत लेखन कहलाता हैं अंग्रेजी में इसे Biodata, resume कहते हैं। स्ववृत का तात्पर्य आत्म विज्ञापन या आत्म प्रशंसा कदापि नहीं हैं। यह Resume किसी आजीविका प्राप्ति के सन्दर्भ में लिखा जाता हैं। इस पत्र में व्यक्ति पद से सम्बन्धित अपनी योग्यताओं, कार्यानुभव, उपलब्धियों को प्रस्तुत करता है और स्ववृत व्यक्ति के वैशिष्ट्य का परिचायक भी होता है। आजकल जीविकोपार्जन के अतिरिक्त भी कुछ अन्य उद्देश्यों के लिए स्ववृत लेखन किया जाता है। जैसे विवाह आदि हेतु लड़के लड़की की स्ववृत लेखन, अन्य विशिष्ट कार्य करने के लिए योग्यता एवं अनुभव सम्बन्धी स्ववृत लेखन आदि।

वस्तुतः प्रत्येक कार्य के लिए Resume की रूपरेखा और रचना भिन्न प्रकार की होती हैं। यथा नौकरी के लिए जहाँ शैक्षणिक योग्यता और व्यावहारिक अनुभव के बारे में विस्तृत जानकारी देना आवश्यक होता हैं, क्योंकि नौकरी देने वाले को आपके कार्य कौशल और योग्यता का मूल्यांकन करना होता है । नौकरी में सफलता के लिए योग्यता और व्यक्ति के साथ-साथ स्ववृत निर्माण की कला में

निपुणता भी आवश्यक है।

विवाह आदि के लिए शैक्षणिक योग्यता की विस्तृत जानकारी देने की जरूरत नहीं होती बल्कि परिवार के अन्य सदस्यों के बारे में जानकारी देना महत्वपूर्ण होता है। क्योंकि विवाह जैसे सम्बन्धों के लिए परिवार की पृष्ठभूमि और अन्य रिश्तेदारों के बारे में जानकारी प्राप्त करना होता है। फोटोग्राफ के मामले में भी जहाँ नौकरी के लिए आवक्ष चित्र लगाकर भी काम चलाया जा सकता हैं, किन्तु विवाह के लिए पूरी फोटो की आवश्यकता होती हैं ताकि वे आपकी तस्वीर से भी प्रथम द्रष्टया आपके बारे में अंदाजा लगा सके।

स्ववृत का आकार अति संक्षिप्त अथवा जरूरत से ज्यादा लंबा नहीं होना चाहिए। स्ववृत साफ-सुथरे ढंग से टंकित या कंप्यूटर मुद्रित अथवा सुंदर-लेखन में होना चाहिए। स्ववृत में सूचनाओं को अनुशासित क्रम में लिखना चाहिए तथा व्यक्तिगत परिचय, शैक्षणिक योग्यता,अनुभव,प्रशिक्षण,उपलब्धियां, कार्येत्तर गतिविधियां इत्यादि विस्तृत ब्यौरा होना चाहिए। परिचय में शैक्षणिक योग्यता में विद्यालय का नाम, बोर्ड या विश्वविद्यालय का नाम, परीक्षा का वर्ष, प्राप्तांक, प्रतिशत तथा श्रेणी का उल्लेख करना चाहिए।

विवाह विज्ञापन संबंधी स्ववृत्त-1

स्ववृत

1. नामः सुश्री सुशीला कुमारी
2. जन्म दिनांक : 25 मार्च, 1999
3. पिता का नामः महेश कुमार गौड
4. माता का नाम : मायाश्री
5. परिवार : एक भाई – शशिधर गौड एक बहन- सहना कुमारी
6. जाति : गौड (वक्कलिग)
7. राष्ट्रीयता : भारतीय
8. व्यक्तित्व : सुंदर, सुशील, रंग गोरा, मिलनसार
9. संपर्क के लिए पता : सुश्री सुशीला कुमारी श्री महेश कुमार गौड87, 3-2, महाविद्यालय मार्ग

   हासन, कर्नाटक-573237

10. टेलिफोन संख्या : 99448299xxx

11. ई-मेल पता : susheela@gmail.com
12. शैक्षित योग्यता : एम.काम. प्रथम रैंक
13. नौकरी : भारतीय स्टेट बैंक में अधिकारी
14. पैतृक स्थान : हासन
15. अन्य : सांस्कृतिक और साहित्यिक गतिविधियों में रुचि

स्थान : हासन   हस्ताक्षर
दिनांक: 20-3-2019
****

नौकरी संबंधी स्ववृत -2

रामकृष्ण महाविद्यालय, कुवेंपुनगर, मैसूर में हिंदी विषय के अध्यापक का पद रिक्त है। विज्ञापन के अनुसार अपनी योग्यता का विवरण प्रस्तुत करते हुए प्राचार्य को एक स्ववृत लिखिए।

प्रेषक,

सुरेश कुमार

शिवनगर,

मंगलूरु-39

सेवा में

प्राचार्य

रामकृष्ण महाविद्यालय

कुवेंपुनगर, मैसूरु-53

विषय: हिन्दी प्राध्यापक पद के लिए स्ववृत पत्र।

महोदय

मैं सुरेश कुमार विगत कुछ वर्षों से कर्नाटक सरकार के महाविद्यालय में संविदा हिन्दी अध्यापक के रूप में बतौर काम कर रहा हूँ । मुझे ज्ञात हुआ रामकृष्ण महाविद्यालय में हिंदी अध्यापक का पद रिक्त है।

मैं इस पद के लिए उचित योग्यता रखता हूं। यह मेरे घर से निकट भी है। अतः श्रीमान से निवेदन करना चाहता हूं कि मुझे रामकृष्ण महाविद्यालय, कुवेंपुनगर, मैसूरु में बतौर हिंदी प्रवक्ता के पद पर नियुक्त करने की कृपा करें।

मेरी शैक्षित योग्यता और अनुभव इस प्रकार है -

नाम: सुरेश कुमार

पिता का नाम: राजेंद्र पूजारी

जन्म दिनांक: 17 अगस्त, 1978

स्थायी पता: 43, गली नं0 9, शिवननगर, मंगलूरु

शिक्षा: हिंदी में प्रथम श्रेणी में स्नातकोत्तर उपाधि

अनुभव: विश्वविद्यालय कालेज में दो वर्ष तक हिन्दी प्राध्यापक के पद पर कार्यानुभव

अतिरिक्त योग्यता: टंकण तथा आशुलिपि में डिप्लोमा; कंप्यूटर में डिप्लोमा

सधन्यवाद,

भवदीय

शिवनगर, मंगलूरु हस्ताक्षर

दिनांक: 20-03-2019 (सुरेशकुमार)

****

www.ingramcontent.com/pod-product-compliance
Lightning Source LLC
Chambersburg PA
CBHW072231150726
48002CB00005B/2035